認知症フレンドリー社会

徳田雄人
Takehito Tokuda

岩波新書
1749

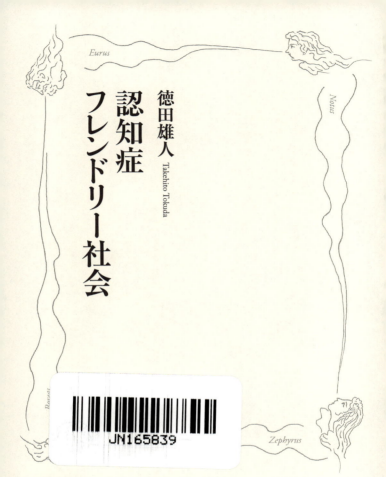

はじめに

認知症が投げかけること

私は、ＮＨＫの番組ディレクターとして認知症を取材し、その後、認知症をテーマにＮＰＯで仕事をしてきました。前職の時代から数えると、認知症とかかわるようになってから一二年になります。

「ずいぶん長くひとつのテーマを追いかけていますね」と言われることが多いのですが、実は、最初からこのテーマに強い関心があったわけではありません。ＮＨＫにいた当時、朝の生活情報番組を担当していました。料理や健康、災害や社会問題など取り扱うテーマは毎回違っていました。番組制作を通じて、漠然と、人や社会の役に立てればとは思っていましたが、飽きっぽい性格で、ひとつのテーマを追い続けるというよりは、いろいろなテーマを少しずつ取材したいと思っていました。

そうしたなか、認知症について取材していた同僚のディレクターが産休に入ることになり、ピンチヒッターとして、認知症の人を取材することになったのが二〇〇六年のことです。最初は、認知症の人とはどのような人だろう、きちんとコミュニケーションがとれるのだろうか、と恐る恐る取材を始めました。それ以来、なぜか、ずっと認知症というテーマとかかわってきました。このテーマに出会わなければ、NHKを退職したり、NPOで仕事をしたりすることもなかったのではないかと思います。

どうして、ここまでひとつのテーマを追い続けてきたのか、自分でも不思議になりますが、その理由は、おそらく認知症というテーマが私たちの社会に投げかけることに関係しているのではないかと思います。

認知症というと、医療やケアの問題だと思う人も多いと思いますが、私はそうした分類には収まりきらない、もっと広いテーマだと考えています。あるいは、もう少し踏み込んでいうと、認知症を医療やケアだけの問題だととらえてしまうと、認知症が投げかける課題の全体像をとらえきれないのではないかと思っています。もちろん、医療やケアも大事な要素のひとつではあるけれど、法律や経済、情報化、コミュニケーション、家族など社会全体の設計の問題で、世の中を構成するすべての人や組織が対応を迫られる課題なのではないかと考えています。

症状なのか、環境によるものなのか

ひとつ例をあげてみたいと思います。

ある町に、一人暮らしをするお年寄りがいたとします。このごろ、認知機能が衰えてきて、機械操作が苦手になってきました。お金をおろす際には、ATMではなく、人がいる窓口でおろすようにしていました。そんなときに、その町にあった銀行の支店が、統廃合の影響でなくなってしまい、ATMコーナーだけが残りました。そのお年寄りは、なんとかATMでお金をおろそうとしますが、画面操作が複雑で、うまくお金をおろすことができません。画面には、小さな文字で多くの注意書きが並んでおり、「はい」や「いいえ」といった選択肢を正しく押さないと、次の画面へ行くことができません。周りの人に手助けしてもらいたいとは思うものの、見ず知らずの人に声をかけるのもむずかしい。お金を自分でおろしたり、自分で管理することもむずかしいので、介護施設に入る時期なのかもしれないと思うようになりました。

この話を聞いて、これは誰が解決すべき課題で、何が課題の本質だと思われるでしょうか。

ＡＴＭの操作がむずかしいということは、認知機能の低下に起因しています。このお年寄りがＡＴＭを操作できるようにするため、何らかの治療や訓練をしたらよいのでしょうか。

認知症の進行を抑制する薬を飲んだり、運動や認知機能の訓練をしたりすることで、ある程度、認知機能の低下が防げることはありますが、劇的に認知機能が向上し、ある日突然、ＡＴＭが使えるようになるということはあまりありません。

福祉の関係者がお金をおろすときに付き添ったり、お金の管理を別の人がサポートしたりすればよいと考える人もいるでしょう。実際、日常のお金の管理をサポートする制度はあります。こうしたニーズがある人が地域のなかでとても少なければ、税金などを財源にした福祉制度でサポートをする人をつけるというのも手かもしれませんし、たまたま経済的に余裕のある人ならば、全額自費で負担して、こうしたサポートを受けることもできるかもしれません。

実際に町の金融機関などに行くと、こうした操作で困ってしまう人、行員のサポートを受けながら振り込みや引き出しをしている人を多くみかけます。お金の管理ということだけに限定すれば、こうした制度で解決することは可能だと思いますが、地域のすべての高齢者の生活で起こる、買い物や移動、通信など、さまざまな課題を、それぞれの専門のサポートをつけて解決するという人海戦術は、財政的に現実的ではないでしょう。

もうひとつ、違う方向からのアプローチがあります。それは、金融機関側のサービスを高齢者や認知機能が低下した人でも使いやすいもの(認知症フレンドリーあるいはエイジフレンドリー)にするということです。ATMであれば、表示する字を大きくしたり、ボタン操作を少なくしたり、より直感的に操作できる仕様に変更することができるかもしれません。また将来的には、画面操作ではなく、ロボットなどとの会話によって利用できるようになるかもしれません。

ATMなどとは別に、高齢者向けに人が対応する専用のサービスを始めるという選択肢もあるかもしれません。日本ではまだ本格的には始まっていませんが、オランダやニュージーランドの銀行では、顧客サービスの一環として、高齢者の人向けに別室で対応するコーナーを設置する金融機関もでてきています。

もちろん、こうした対策だけで、軽度から重度、すべての認知症の人が銀行を使えるようになるわけではありません。しかし、自立して一人でなんでもできるという状態と少しだけ支援が必要な状態の境界にいる人は、環境が改善されることで、自立した生活が送れるようになるのです。

認知症というと、病院に行くと薬がでて、症状が改善するというようなイメージを持つ人も少なくないと思います。しかし実際には、先に述べたように薬を飲んだり、訓練をおこなうだけで、ATMでお金がおろせないといった生活上の課題が解決するということは、ほぼありません。医療やケアなどのサービスを受けながらも、生活上で起こってくる課題を、周りの人と相談しながら、工夫を重ねて、ひとつひとつ解決していかないといけないというのが、認知症の人をとりまくリアルな状況です。そして、生活上の課題というのは、症状から起因しているという側面もありますが、同時に、ATMの仕様や銀行の高齢者対応のような環境によって引き起こされている課題でもあるのです。

社会現象としての認知症

そもそも、認知症とはどういう病気なのでしょうか。

認知症とは、一度正常に達した認知機能が後天的な脳の障害によって持続性に低下し、日常生活や社会生活に支障をきたすようになった状態を言い、それが意識障害のないときにみられる。

（日本神経学会「認知症疾患診療ガイドライン２０１０」）

認知症というのは、〝病気〟そのものの名前ではなく、さまざまな病気が原因となって、生活などに支障をきたした〝状態〟を指します。よく聞くアルツハイマー病というのも、原因となる病気のひとつですが、他にもさまざまな種類の病気があります。原因となる病気によって、障害をうける脳の場所や機能も違うため、中核となる症状も異なります。

よくイメージされるのは、もの忘れですが、記憶障害がでてくるタイプもあれば、記憶は保たれているけれど、幻視があるというタイプのものもあります。詳細の説明は他にわかりやすい書籍がたくさん出ているので、そちらに譲りたいと思いますが、この定義で最も大事なことは、後半の部分です。「日常生活や社会生活に支障をきたすようになった状態」という表現です。

認知症のことを取材していたときに、さまざまな現場にお邪魔しました。ある農村では、医学的には、認知機能もかなり低下したけれど、農業を続けて、近所の人たちとも仲良く、楽しい生活を送りつづけている方がいました。その一方で、都心に住む方は、認知機能の低下がまだそれほどでもないけれど、過去に道に迷った経験があり、電車やバスを利用するのに不安があり、家にこもってしまっていました。

症状の進み具合と、日常生活や社会生活に支障をきたしているかどうかは、必ずしも比例していないことに気づかされました。もっと言えば、さきほどのATMの例のように、その人をとりまく環境しだいで、支障がでてくる場合もあれば、支障がでてこないこともあるのです。

もちろん、原因となる病気には、それぞれ診断基準があり、生活上困っていればすべて認知症ということではありません。医療につながることで、他の原因がわかって、症状や課題が解決するということも少なくありません。正確な診断が大事なことは言うまでもありません。

また認知症の人、そして家族が日々の暮らしや介護などで、深刻なきびしい状況にあることも、現実には全国各地であります。

しかし、同時に、先の定義をもとに考えると、総体としての認知症というのは、認知症であるその人と周囲の環境とのあいだに起きる現象、社会現象でもあることがわかります。現在、一部の種類を除くと、アルツハイマー病をはじめ、主な原因となる病気を根治する治療法はまだありません。また、第1章で詳しく述べるように、将来にわたっても、すべての認知症がなくなる世界というのは、想像しにくいと考えられています。

一方で、社会現象としての認知症については、対応する道があり、解決することもできるのです。認知症はあるけれど、農業を続けて、いきいきと暮らす人がいるのであれば、そうした風景を実現できている周囲の環境はどのようなものなのか、それを他の地域で実現するためには、どのような機能が必要なのかを考えることで十分実現可能なことになってきます。

〝あちら〟の話ではなく、〝こちら〟の話

この本のテーマである「認知症フレンドリー社会」という考え方は、いま、世界的に注目されるようになってきています。かつて医療やケアの一つのジャンルだと思われていた認知症というテーマが、実は、社会全体の設計にかかわるものであり、社会に大きく影響を与えるものであるという認識が広がってきたのです。

今まで認知症というテーマは、認知症の人を周囲がどのように支えるのかといった視点が主流でした。認知症でない私たちが、認知症の人を〝あちら〟の存在ととらえ、どう支援するの

かという視点です。しかし、認知症が、高齢化していく私たちと絶えず変化していく社会とのあいだでおこる現象だととらえると、これは決して〝あちら〟の問題ではなく、〝こちら〟の問題となります。

歳を重ねていくなかで、誰しも多かれ少なかれ、脳の機能が低下していきます。そうしたときに、私たちをとりまく交通や通信手段、金融機関、スーパーやコンビニ、行政サービスは、はたして使いやすいものなのか。そうしたものが使いにくくなったときに、私たちは、物理的に、社会に、〝排除〟されてしまうのではないだろうか。〝あちら〟にいて、何か困っている人に手を差し伸べるという従来の福祉的な話ではなく、このままだと将来、私たち自身が排除される社会になってしまうのだという〝こちら〟の話なのです。

そうしたことを考えたとき、認知症のことをもっときちんと考える必要があるのは、高齢者や医療福祉の関係者だけでなく、むしろ、生活を支える産業で働く人たち、福祉とは直接には関係のない行政で働く人たち、若い世代を育成する教育関係者などではないかと考えます。

認知症の人たちといっしょに考える

認知症の当事者として全国で講演活動をする佐藤雅彦さんが、著書のなかで次のように書かれています。


認知症の人を、自分たちと違う人間だと考えるのではなく、ともに歩む仲間だと考えてください。

認知症の人は、何もわからない人ではなく、劣っている人でもなく、かわいそうな人でもありません。

私たちも、いきいきと豊かに暮らしたい。

施設や病院に閉じ込められるのではなく、町に出て、買い物をしたり、喫茶店でおしゃべりをしたり、認知症になる前と変わらない暮らしを望んでいます。(中略)

これからもっともっと前向きに、希望を持って人生を生きることができるように、みなさんと一緒に考えたいと思っています。


(『認知症になった私が伝えたいこと』)

コンピュータ会社でシステムエンジニアとして働いていた佐藤さんが認知症と診断されたのは、五一歳の時でした。診断を受けた直後は、どうしていいかわからず、失望の日々を送っていました。佐藤さんは、当時を振り返り、「自分のなかにも認知症に対する偏見があった」と述べています。その後、同じ認知症の当事者や支援者と出会うなかで、徐々に偏見が払拭《ふっしょく》されていきました。認知症になっても新しいことに挑戦し、社会の一員として暮らしていけることを、みずからの暮らしを通じて示してきました。

佐藤さんは、講演や通院などすべての予定をパソコンで管理しています。もし予定を忘れていると、お知らせが来るように設定しています。スマートフォンやSNSも認知症になってから新たに覚えました。講演や会議で外出する時には、乗換アプリなどを駆使して、目的地の駅までひとりで行きます。佐藤さんは、「認知症になっても不便ではあるけれど、不幸ではない」と語ります。

もちろん、佐藤さんのように、ITを駆使してみずから問題解決できる人は、現在の高齢者のなかには、そう多くはないかもしれません。しかし、ITだけでなく、私たちの暮らしを便利にしている技術や仕組みを活用して、佐藤さんが言うように、まちに出て、買い物をしたり、喫茶店でおしゃべりをしたり、認知症になる前と変わらない暮らしをするためにできることは、たくさんあるのではないかと思います。

社会を〝アップデート〟する

認知症フレンドリー社会と聞くと、何か漠然と、〝みんなにやさしい社会〟といったものをイメージされる人も多いと思いますが、この本のなかでご紹介したいのは、そうしたことではありません。お伝えしたいのは、好むと好まざるとにかかわらず、社会全体を、認知症対応に〝アップデート〟する必要がでてきているということなのです。

パソコンやスマホを使っていると、時々、OS(オペレーティングシステム)と呼ばれる基盤となる仕組みを更新(アップデート)する必要があります。多くの人が日常的に使っているアプリは、こうした基盤に対応して作られているので、OSが更新されれば、ひとつひとつのアプリも更新する必要があります。私は、認知症をめぐる社会の状況もこれと近いのではないかと思っています。

私たちの生活をとりまく法律や制度、企業活動などは、すべて、認知症の人や高齢者がこれだけ多くなる前に作られたものです。認知症の人がこれだけ多く地域で普通に暮らしていることを念頭に作られたものではありません。行政や企業活動のなかでも、認知症の人とどのように向き合っていくのか判断を迫られる事象が増えつつあります。ひとつひとつの法律や制度や企業活動は、パソコンの世界でいうアプリに相当します。認知症の人がこれだけ多くなる前の時代に作られた基盤のもとで、アプリのレベルで個々に対処しようとしているのです。しかし、個々に対応するのにも限界があるため、そろそろ基盤となる社会全体のOSを〝アップデート〟する時期にきているのではないかと思います。

寿命が伸びて、多くの人が、人生の後半で、認知症とともに生きるステージを経験することになります。そうしたときにも、社会から排除されずに、地域住民として、消費者として、普通に暮らしていくことができるような社会は、どのようなものなのか。この本では、社会のアップデートのためにヒントとなる事例についても紹介していきたいと思います。

目次

5 日本の挑戦

1.

認知症五〇〇万人時代のもつ意味

データで読む認知症

二〇一五年一月、認知症に関する衝撃的な調査結果が厚生労働省の研究班により公表されました。この調査によると、二〇一二年の時点で、四六二万人の認知症の人が全国にいるということがわかったのです。一〇年前(二〇〇二年)の国の統計では、認知症の人の数は、およそ一四九万人でした。たった一〇年で三倍になった計算になります。この間に、いったい何があったのでしょうか。認知症を引き起こす原因が急増したのでしょうか。このニュースが出た当時、私も周りの多くの人からその理由を聞かれました。

急増の理由を知るためには、前提となる知識が少し必要です。認知症の人の数は、インフルエンザのように、実際に医療機関に受診して診断された人の数を集計して出されるものではありません。認知症の人のなかには、医療機関で診断を受けていない人も多くいます。症状が多少あっても、医療や介護サービスを受けずに暮らしている人もいます。

そのため、診断や介護サービスを受けているかどうか統計データを調べても、正確な認知症の人の数を出すことは困難です。そこで、全国をくまなく調査することはむずかしいので、全国から何カ所かを選び、重点的に詳細を調べて、年代別に何%の人が認知症なのかを集計し、その数字をもとに、日本全国の人口統計から推測して、全国の認知症の人の数を出しているのです。

二〇一二年のデータで、認知症の人が急増したのは、実態として、認知症の人がこの年に急増したというわけではなく、推計のもととなる調査の結果で新しいデータが得られたからだったのです。ちなみに、この調査の前に元となっていたデータというのは、二〇〇二年に実施されたものであり、現在使われているデータよりも、年代別にみた認知症の人の割合が低くなっています。最新のデータをもとに推計すると、二〇一八年では、日本全国に五〇〇万人を超える認知症の人がいることになります。

この五〇〇万人という数字は、単に多いということを超えて、より大きな意味を持ちます。日本の六五歳以上の人口は、三五一四万人(総人口の二七・七%。二〇一七年)です。世界で高齢者の割合が最も高い日本では、総人口の三、四人に一人が高齢者で、さらにその七人に一人が認知症であるという計算になります。

例えば、電車の車両に、一〇〇人の乗客がいるとすれば、およそ二八人が高齢者で、そのうち四人は認知症の人だという計算になります。実際には、病院や介護施設で暮らす人が電車を頻繁に利用するわけではありませんが、もしそうした人たちも、まちなかへ出て行くのが当たり前の世の中だとすれば、という仮定です。ちなみに、全国の小学生の人数は、六四五万人(二〇一七年)です。この電車の車両に乗っている小学生の数は、五人という計算になります。

認知症の人の数と小学生の数が、ほとんど変わらないというのは、本当だろうかと思う人も少なくないと思います。多くの人が持つ実感と異なるのは、認知症の人が、地域や社会とそれほど接点を持つことなく、暮らしてきたことと関係しているかもしれません。あるいは、認知症の人が地域で普通に暮らしていたとしても、まちで出会ったり、接したりしていても、見ただけではわからないので、その人が認知症であることに気づいていないということも関係しているかもしれません。

五〇〇万人という数字は、認知症の人が普通にいる社会を意味しています。日本では、これまで人類が経験したことのない高齢化率を迎えていますが、同時に、これまで人類が経験したことがない割合で認知症の人がいる社会をむかえているのです。

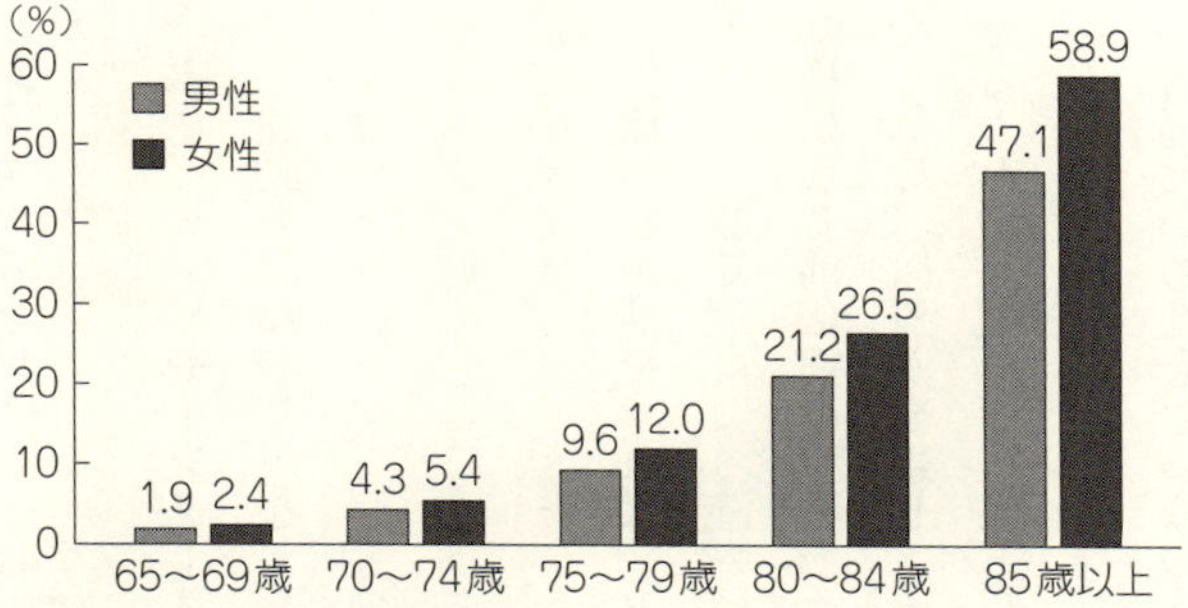

出典：厚生労働科学特別研究事業「日本における認知症の高齢者人口の将来推計に関する研究」

図1　年代別の認知症の人の割合(2012年)

誰もが当事者になる可能性

調査で明らかになった、年代別の認知症の人の割合を示した図1を見てみましょう。

五歳刻みで見ると、七四歳までの年代ではそれほど多くなかった認知症の人の割合が、七五歳を超えると急激に増え始め、八〇歳から八四歳までで二〇％台に、八五歳以上で二人に一人という数字になります。女性では、八五歳以上になると、認知症でない人のほうが少ないということがわかります。

一九七〇年の日本人の平均寿命は、男性が約六九歳、女性が約七五歳でした。図1を見ると、多くの人が認知症になり始める手前の年齢です。認知症は、後天的に脳に障害がでて、起こる現象ですが、かつては多くの人がその前に、他の病気で亡くなっていました。認知症の人が増えているということは、他の原因で亡くなる人が減り、長寿になったことの結果でもあるのです。

書籍、テレビやインターネットなどでは、認知症の予防について多くの情報があふれています。運動や計算ドリルなどをすると、認知症が予防できるようなイメージを持っている人も少なくないと思います。個人の人生のある時点についていえば、食生活や運動習慣の改善が発症のリスクを低くすることはある程度、言えるかもしれません。しかし、それはあくまである時点での話です。

健康的な生活をすれば、寿命も伸びるとされています。同時に、その人が長生きをすればするほど、認知症になる確率は高まります。人が生まれてから死ぬまでという人生でみれば、認知症になる前に別の原因で亡くなるか、認知症になってその後亡くなるかということになるのでしょう。医療が発達し、感染症やがんといった病気へ対策がされてきた結果として、長く生きる人が増え、その結果として、人生の最後のほうに、認知症とともに生きるライフステージが出現したということになります。認知症の人が一定の割合、暮らしている社会、認知症の人が普通にいる社会というのは、長寿社会の必然の帰結なのです。

私の周りにいる中高年の方々にうかがうと、認知症にだけはなりたくない、そのために、食事や運動に気をつかって、〝ボケ〟ないようになるべく頭を使ったり、人と会うようにしたりしていると話す人が大勢います。人と交流をして、日々打ち込むことがあるというのは、とても素敵なことですし、そのことによって暮らしの質が向上したり、健康状態が保てたりするというのは、その通りだと思います。しかし、認知症とともに生きるステージの出現が、長寿社会の帰結なのだとすると、誰もが長生きすれば、認知症とつきあうことになるのだという事実には向き合わないといけないのではないかと思います。

認知症にならないことばかりに力を注いで、いざ認知症になったときのことを何も考えていないという現状は、自分だけは車を運転しても交通事故を起こさないと信じて、自動車保険に入らないようなものです。リスクについての考え方や備え方は人それぞれですが、事故は一定の確率で必ず起こるものです。認知症についても同じです。一定の確率で必ず認知症になるという事実を無視して、多くの人が認知症にならないことを願い、認知症になってからの備えをしていないという社会のあり方には疑問があります。

認知症の人自身による発信や活動も

認知症になることが特別でなくなっていくなか、認知症の人自身による発信も増え、社会的な存在感も徐々に大きくなってきています。認知症の人による講演会は全国各地で開催されており、認知症の人たちによるグループや団体も各地に生まれています。二〇一四年には、認知症の人による全国組織「日本認知症ワーキンググループ」（その後、法人化にともない日本認知症本人ワーキンググループに改称）が設立され、運転免許など認知症に関する問題について、当事者から積極的な意見の発信がされるようにもなってきました。

認知症の人に診断後からの話を聞くと、多くの人が、認知症と診断を受けた直後はどうすればいいかわからなかったが、当事者の講演会や地元のグループで仲間と出会ったことで、希望を見出すことができたそうです。

仙台の丹野智文さん（当事者）に初めてお会いし、息子くらいの年の丹野さんに愚痴をいっぱい言ったのによく話を聞いていただき、スッキリしたこともありました。いっぱい力を頂いて自信になりました。私は向こうに光明が見えた気がしました。

＊＊

私も診断後は、暗いトンネルに入ったような経験をしています。（中略）

この空白の期間を抜けるために、サービス以外の道を探そうとしたのが初めの一歩でした。仲間とのつながりをつみ重ね、二〇一七年五月に本人同士が話し合う「みらいの会」を立ち上げました。

（東京都健康長寿医療センター『本人にとってのよりよい暮らしガイド――一足先に認知症になった私たちからあなたへ』）

認知症と診断された人が、他の当事者と出会い、希望を見出すことができるような状況が全国のまちにあるとは必ずしも言えませんが、講演会やインターネットでの発信などを含め、積極的に情報を探しにいくことができれば、当事者の話を聞いたり、つながりをつくることができるような状況が生まれつつあります。

障害や異文化の問題との共通性

いずれ誰もが当事者になりうるという認知症の〝性質〟は、とても大変なことのようにも思えますが、考えようによっては、非常に可能性を感じさせるものでもあります。

通常、当事者と支援者は、どれだけ信頼関係があったとしても、そのあいだには超えられない立場の違いがあります。支援者は、当事者にはならないので、支援する／されるという関係がそこに生まれます。しかし、認知症の場合は、当事者と支援者は、いま認知症である人と未来に認知症になる人という、時間軸で連続的な関係になりうるのです。もちろん、現状で、認知症の人と支援者が、支援する／されるという関係を克服できているとは限りません。しかし、少なくとも、当事者と支援者が連続的につながっていると、とらえられるということです。

最近では、認知症の当事者による講演会などでも、認知症の当事者は、ちょっと先をいく先輩であり、未来に認知症になる皆さんへメッセージを送りますという言い方がされるようになってきており、徐々に、この連続性の認識が広まりつつあります。

認知症をめぐって起こる暮らしづらさは、他の障害や異文化の問題などと共通の構造をもっています。例えば、レストランの風景を考えてみましょう。自分が頼んだものを忘れてしまった認知症のお客さん、店員の言うことが聞き取れない聴覚障害のお客さん、文化的な理由から特定の食材を食べることができないお客さん、これらの人々は外見や素振りからは、一見するとそのような事情を見て取ることはできません。通常のレストランの接客の方法では、うまく食事をしたり、楽しい時間を過ごすことができないかもしれません。

しかし、ここに例えば、店員向けに認知症に関する簡単な講習会が実施されたり、指を差すだけで意思疎通ができるコミュニケーションカードがあったり、食材の成分表示や加工方法に関する情報があれば、特段の不自由を感じることなく、食事を楽しむことができます。認知症のこと、聴覚障害のこと、異文化における食の制限などについてすべて精通した人はいませんし、すべての当事者の気持ちになってみようというのもあまり現実的ではないかもしれません。しかし、最低限の情報と想像力をもって、何らかの対応をできるようにすることは可能ではないでしょうか。

このことから、一般的な障害や異文化の問題では、なかなか解決しにくい、当事者と支援者のあいだにある〝壁〟を、認知症の問題は、時間軸で考えることで、乗り越えるきっかけを提示しているのではないかと思います。長生きの結果として、誰もがなりうるという認知症の特徴は、新しい社会を考える足掛かりになるのではないでしょうか。

認知症の「社会的費用」

二〇一三年、ロンドンでＧ８認知症サミットが開催されました。これは、当時の英国のキャメロン首相の強いリーダーシップにより実現したものですが、認知症という保健関係の個別テーマでサミットが開催されるのは珍しいことでした。また、ＷＨＯ（世界保健機関）でも、認知症についての国際会合が開催され、レポートが出されるようになってきました。それまでは、保健分野のなかでも比較的マイナーな扱いだった認知症が、国際政治の舞台でも大きなトピックとなってきています。

認知症自体は昔からあるのに、なぜ、最近になって大きな扱いになってきたのでしょうか。こうした動きの背景にあるのが、認知症にともなう「社会的費用」の問題です。

社会的費用とは、認知症にともない社会全体にかかる影響を、経済的に算出したものです。通常、認知症に関係する医療費、介護に関する費用、家族などの介護にともなうインフォーマルケアコストなどを加えて算出されます。国際的にみて、認知症対策のパイオニアである英国は、自国で認知症にかかる社会的費用を調査し、年間一七〇億ポンド（当時およそ二・五兆円）と算出しました。こうした費用が増加していくのに、どのように対応をしていくのかを話し合うため、G8サミットが開催されたのです。

日本でも、認知症の社会的費用に関する調査が始まっています。図2によると、日本での認知症に関する社会的費用は二〇一四年段階で、一四・五兆円と算出されています。この費用は、今後さらに上がっていくと予測され、二〇六〇年には、二四兆円に達するとされています。日本の国家財政がおよそ一〇〇兆円、社会保障に関係する予算が三〇兆円であることを考えると、非常に大きな数字であることがわかります。認知症は、当事者や家族だけの課題ではなく、社会に広く影響を与える課題でもあるのです。

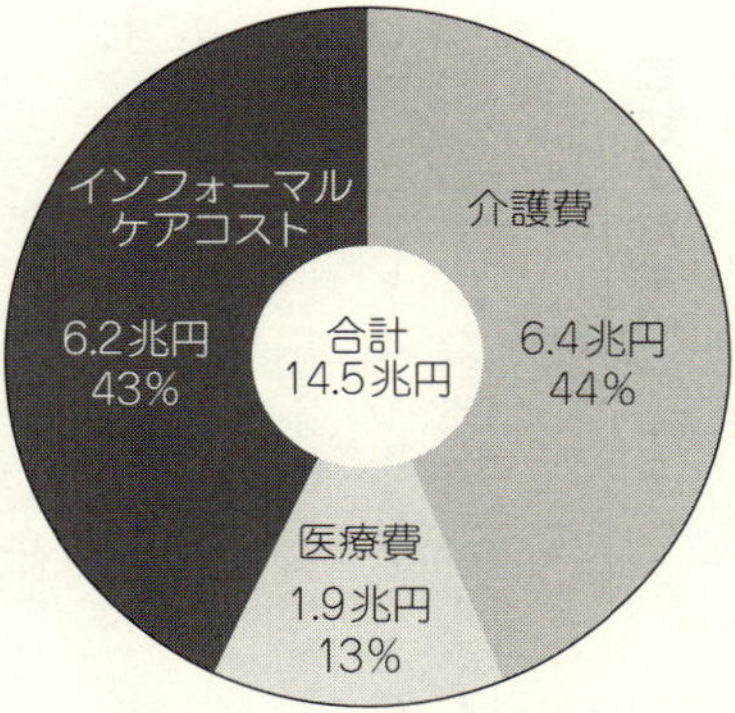
介護費
6.4兆円
44%
医療費
1.9兆円
13%
インフォーマル
ケアコスト
6.2兆円
43%
合計
14.5兆円
出典：佐渡充洋，厚生労働科学研究研究成果報告書『わが国における認知症の経済的影響に関する研究』に著者加筆

図2　日本における認知症にともなう社会的費用（2014年）

ＡＤＩ（国際アルツハイマー病協会）によると、

二〇三〇年には、世界全体で認知症の人が一億人を突破すると予測されています。すでに高齢化が進んでいる先進国だけでなく、途上国でも高齢化率が上昇し、認知症が社会的な課題となりつつあります。

伝統的には、途上国の感染症対策などに力を入れてきたWHOも、認知症を重点課題として位置づけ、レポートを作るようになっています。認知症の人が増えていくなか、従来のアプローチを継続するだけでは、国家財政が破綻してしまうという認識が広まりつつあるのです。

認知症対策の潮流

こうした課題に対して、どのような対策が取られようとしているのでしょうか。対策が最も進んでいる国のひとつ、英国を見てみたいと思います。

二〇一二年、英国はキャメロン首相の主導のもと、対策として次のような三つの柱を掲げました。

● 医療とケアの改善

●研究の促進
●認知症への理解を高め、認知症フレンドリーコミュニティを支援する

認知症にかかわる医療とケアには、英国にも多くの課題があります。認知症の診断率が高くないこと、診断を受けたとしても、その後、適切な治療やケアにつながっていないこと、質の高い認知症ケアがおこなわれている場所が、まだ多くないこと、そもそも何をもって質が高いケアとするのか十分な知見がないこと、医療やケアの質に地域格差があることなどです。これらを解決するために、六五歳以上の定期検診を通じて診断率を高めること、認知症に関するサービスについて地域の情報をまとめて公表していくこと、医療やケア分野の革新的な試みを奨励する賞をつくることなどが打ち出されました。

認知症に関する研究の促進も掲げられました。これまで認知症は、がんや糖尿病などの疾患に比べると、予算が投じられてこなかった領域ですが、二〇一五年までに研究財源を倍増させること(六六〇〇万ポンド、当時およそ八六億円)が約束されました。これには、基礎研究や創薬などにかかわる予算もありますが、社会科学的な研究にも投資されることが含まれています。

認知症というと、一般的に薬や治療に関する研究をイメージしがちですが、社会的費用を低減していくためには、認知症の人にかかわる社会的費用をどのように計算するのかといった医療経済学や、政策や取り組みの費用対効果に関する政策科学、認知症の人の社会参画を促進するための調査研究など、社会科学的な知見も必要になります。

医療とケア、研究と並んで打ち出されたのが、この本のテーマである認知症フレンドリーです。認知症にかかわる研究や医療やケアは改善されていく一方で、認知症の人が一定程度いる地域や社会が出現しているのですから、そうした状況に適応できる地域や社会を作っていこうということが打ち出されました。これは、単なるスローガンではなく、首相の主導の下、この後具体的な動きが加速していきました。

例えば、認知症フレンドリーコミュニティをめざす自治体が二〇一三年には二〇だったのが、二〇一七年には二三四になっています。全自治体の七五％に認知症フレンドリーコミュニティを推進するための機構（認知症アクションアライアンスなど）があります。また、地域ごとの活動以外にも、ビジネスの世界でも対策が進みました。首相直轄のワーキンググループが二〇つくられ、それぞれの領域で、ガイドラインや事例集などが作成され、広がりつつあります。くわしくは第4章で述べます。

日本では、認知症というと、病気のひとつであり、薬を開発すれば解決するという対策のイメージを持つ人が、研究者や政策担当者のあいだにも少なくありません。しかし、実際にはそうした側面だけでなく、感染症や慢性疾患などをもとに設計されてきた従来の医療ケアの仕組みをどう見直していくのか、さらには、高齢者や認知症の人が増えていくことは避けられないなかで、社会や地域をどのように再設計するのか、ということを含んだ、広い射程の課題であるという認識が、世界的に共有されつつあるのです。

日本では認知症の人は

では、これから、どのような社会の設計が求められているのでしょうか。ここでは認知症の人がどのような環境で生きてきたのかを振り返ってみたいと思います(図3)。

一九七〇年代、認知症の人は、〝隔離〟され、〝専門的な処置〟をされる時代でした。当時、認知症そのものについては、薬も何もない状態だったので、病気そのものに起因する症状ではなく、暴言や暴力など、周辺環境とあいまって起こるBPSD(行動・心理症状)が激しくでる

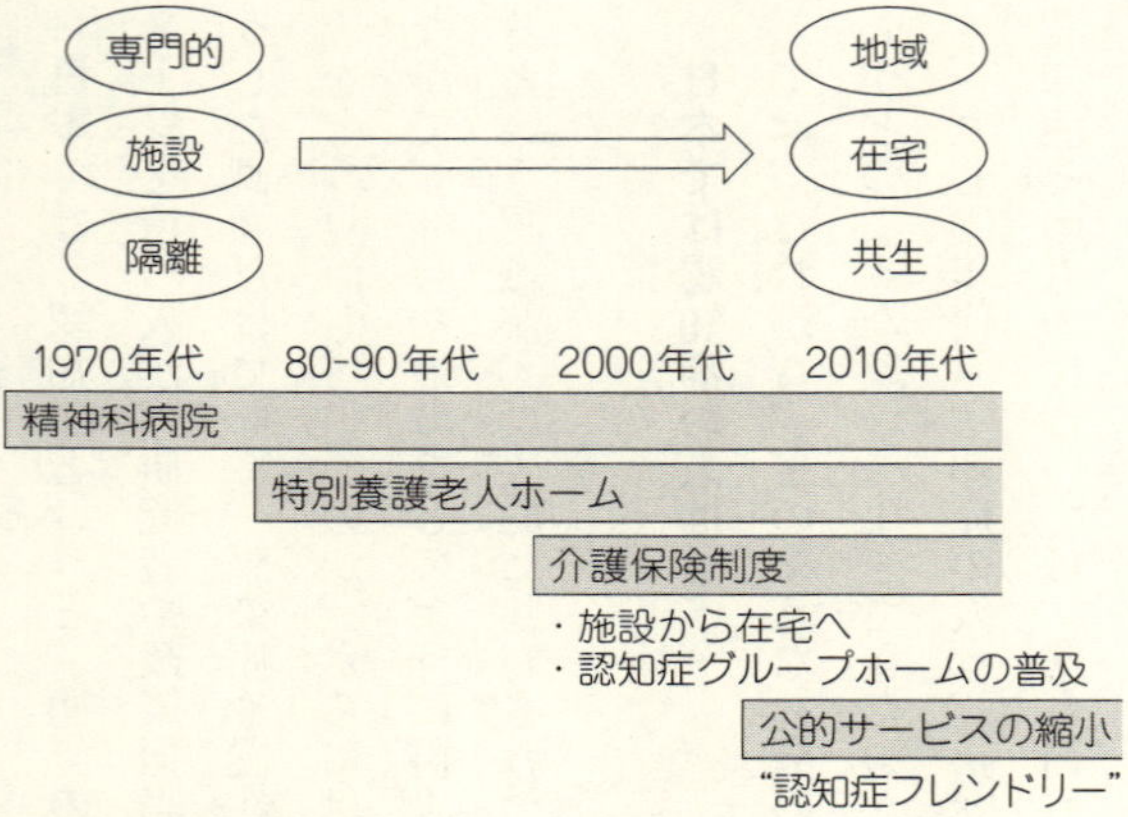

出典：著者作成

図 3　認知症の人の置かれてきた環境の変遷

ような場合には、物理的に閉鎖された病棟にいれたり、身体拘束をおこなったり、薬によって鎮静させるような方法が用いられていました。認知症に対するケアについての知見や対応した介護サービスもなく、家で暮らすことがむずかしいとされた人たちが、病院という場所に閉じ込められている状況で、実態は、治療というよりは、隔離という性格が強いものでした。

八〇年代になると、認知症の人の主な暮らしの場は、病院ではなく、介護施設に移っていきました。病院よりも生活に近い場として、特別養護老人ホームなどが多く作られ、認知症ケアに関する知識や実践も少しずつ蓄積されていきました。とはいえ、当時の介護施設は大規模なものが多く、家庭的と言えるような雰囲気はなく、社会と隔絶した空間という性格が残っていました。

九〇年代に入ると、認知症の人も、家庭的な環境で暮らすことにより、状態も安定し、普通に暮らすことができるという認識が生まれ、一部の先進的な地域で、認知症グループホームをはじめとした小規模で家庭的な環境で暮らしていこうという試みがスタートします。

介護保険以降

二〇〇〇年には、介護保険制度が導入され、介護サービスを利用することが広く一般化すると、病院や大規模施設とは違う小規模で家庭的な雰囲気の場や、在宅生活を支援するサービスが増えてきました。現在、認知症の人のおよそ六割（東京都、二〇一六年度）が、家で生活をしています。

二〇一〇年代に入ると、主に財政的な観点から、介護保険制度などが改定され、サービスの給付が抑制される流れができています。例えば、一定程度の年収を超えた人は、介護保険サービスを利用する自己負担の割合が高くなったり、要支援と呼ばれる比較的軽い程度の人のサービスを、介護保険制度から切り離すなどの動きが出てきています。

介護サービス全体の給付が急激に落ち込んだり、サービス自体がなくなってしまうということはないにしても、高齢者や要介護の人が増えていくなかで、全体として、公的な支援の割合が低くなることはあっても高まることはないと言えます。施設よりも在宅サービスのほうが社会的費用も抑制できることから、政府も、施設から在宅へのシフトを図ってきています。今後、家で暮らす認知症の人の割合は、さらに高まることが予想されます。

こうしたなか、ＡＴＭでお金をおろすことができない人や、スーパーマーケットで支払いがむずかしい人、バスや鉄道の利用が不安で家に閉じこもってしまう人がでてきています。こういった人たちのサポートは誰が担っていくことになるのでしょうか。一部の地域では、こうしたサポートをボランティア団体が担ったり、地域の互助といった形で解決しているところもあります。しかし、都市部を中心に、ニーズに比べて、住民組織や互助が十分に機能していない地域が数多くあります。

このような時代の流れにあって注目されてきているのが、一般企業の役割です。お金にかかわることであれば、金融機関、買い物であれば、スーパーマーケットやコンビニエンスストア、移動であれば、鉄道やバス会社などです。認知症の人や高齢者が利用するなかで生じる困りごとを、企業側の商品やサービス、接遇などを改善することで、解決し、そうした人たちが普通に利用できるようにするというアプローチです。実際に、英国や日本ではこうした試みが始まっており、他の国にも波及しつつあります。

この五〇年の歴史をみると、問題を抱えた人を隔離し、専門的な処置をするという構図から、徐々に、普通の暮らしを模索する動きがでてきて、問題を引き起こす環境の側を改善することで、普通に暮らせるようにしていくという構図へと変わってきていることがわかります。また、認知症になる前に多くの人が亡くなっていた時代から、多くの人が長生きをして認知症になる時代へとシフトし、一部の専門家だけが考えるのではなく、一般企業や住民組織なども、好むと好まざるとにかかわらず、認知症の課題と向き合わざるを得ない状況が生まれつつあると言えます。

認知症フレンドリー社会

こうした流れのなか、この本で紹介するのが、認知症フレンドリー社会です。

認知症フレンドリーという言葉は、英語圏で使われるDementia-Friendlyを訳したものです。通常、日本語にすると、認知症にやさしいとか、認知症の人にやさしいと訳されることが多いのですが、このやさしいという言葉がややあいまいで、語弊《ごへい》があるのではないかと思い、この本ではあえて認知症フレンドリーとしています。

日本語でやさしいというのは、認知症の人が困っているのでやさしくしてあげましょうという意味合いで、認知症でない人が認知症の人に手を差し伸べてあげましょう、という構図があります。しかしここで使われているフレンドリーというのは、ユーザーフレンドリーという言葉のように、○○にとって使いやすいとか○○に適応しているという本来の意味合いです。認知症があっても、日常生活や社会生活が不自由なく送れるような地域や社会というのが、本来のニュアンスです。

やさしさというと、わたしはやさしいと感じたとか、あなたは感じないという主観的であいまいなものですが、認知症フレンドリーは、より明瞭な概念です。ある認知症の人は、認知症の人向けに行政から送られてきた手続きの書類が、書類の保管や記憶が大変な人にはとてもむずかしいものだったという話を教えてくれました。また金融機関やウェブ上のサービスは暗証番号やパスワードの入力が必要ですが、多くの当事者は記憶するのがむずかしく困っています。

さまざまなサービスが、認知機能が低下した人が、利用できるように設計されているのかどうか、そもそもそうした想定をしているのかどうかといったことは、やさしさの問題ではなく、どのような人の利用を想定しているのかという設計プロセスの問題です。行政サービスであれば、認知症や障害があっても、等しく受ける権利があるというアクセシビリティーの問題にもなります。

英国のアルツハイマー病協会では、報告書のなかで、認知症フレンドリーコミュニティについて、こう定義しています。

> 認知症フレンドリーコミュニティとは、認知症の人が高い意欲を持ち、自信を感じ、意味があると思える活動に貢献、参加できるとわかっている、そうした環境である。
>
> （Alzheimer's Society, "Building dementia-friendly communities: A priority for everyone" 著者訳）

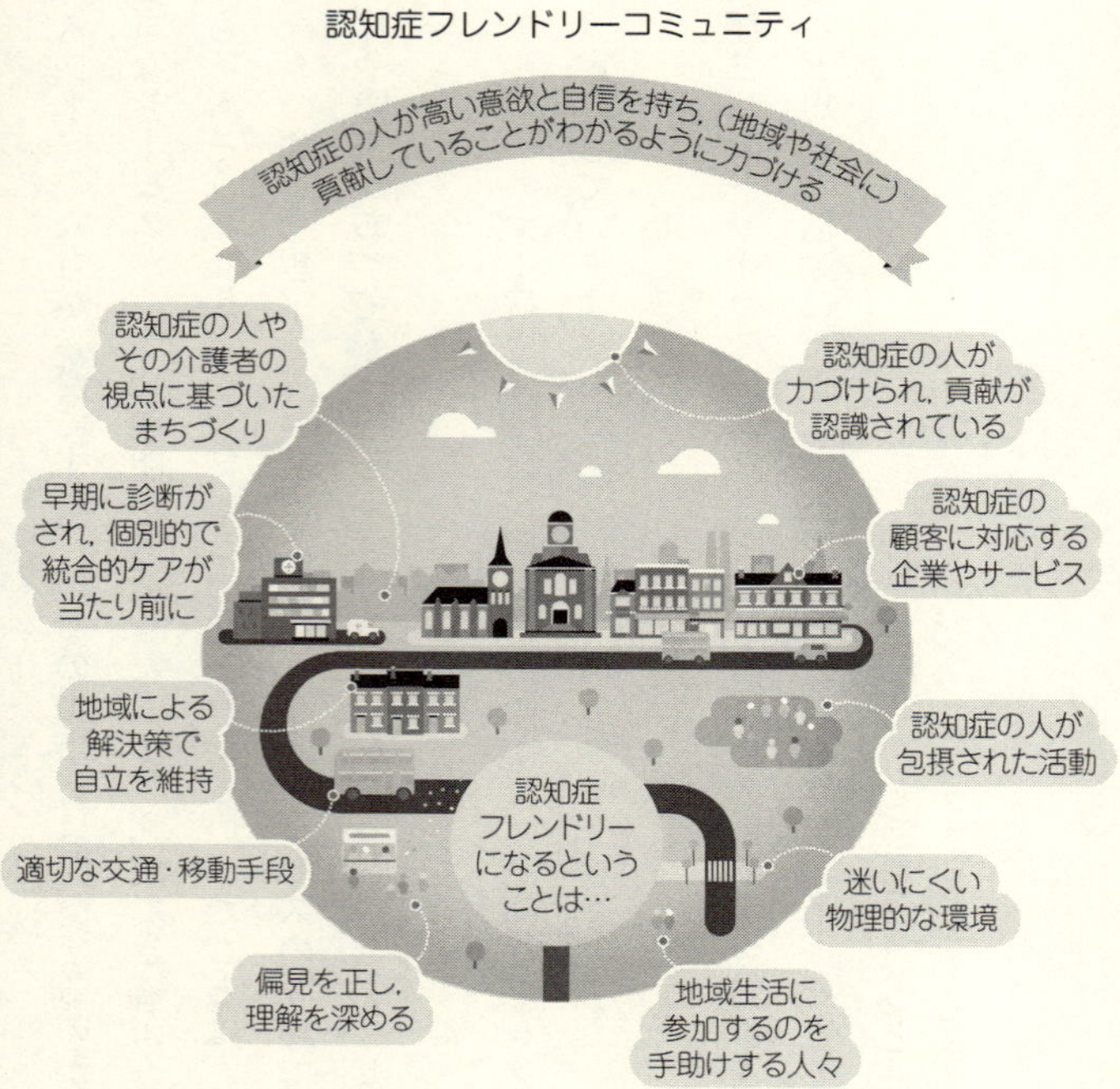

出典：Alzheimer's Society, "Building dementia-friendly communities: A priority for everyone" 著者訳

図4　認知症フレンドリーコミュニティの概念図

この定義では、どんなことをすると、認知症フレンドリーコミュニティになれるのかという具体的な中身は語られていません。その代わり、認知症の人たちが、地域の一員として暮らしていくことをゴールにしたうえで、一般の人がもつ認知症への偏見、物理的な環境、人と人とのつながりなど、社会の側こそが変わっていく必要があることが示されています(図４)。

ここで言われている認知症フレンドリーは、先にも書きましたが、認知症の人にやさしいという意味ではないのです。認知症の人が、ごく少数で特別な時代だった社会から、高齢化が進み、認知症の人が〝普通に〟いる社会へ移行するなかで、認知症の人や家族ではなく、社会の側こそが変わらないといけないという課題意識を反映した言葉だと考えています。

2.

認知症対処社会と
認知症フレンドリー社会

認知症対処社会とは

第1章では、高齢化と認知症の人の増加という大きな社会の変化に合わせ、社会の側が対応していく必要があるのではないかという状況を紹介しました。実際に社会は、認知症フレンドリー社会へ向けて、一歩ずつ階段を上っているのでしょうか。現実には、フレンドリーという考え方とは異なるもうひとつの考え方によって、社会が動いているという面があります。

認知症によって引き起こされる課題に、その都度対処していく考え方です。例えば、認知症の人が引き起こした事故などに注目が集まり、そうした事故をなくすために、認知症の人の移動を制限するような対策がとられる、といった場合です。

この本では、そうした考えを、認知症フレンドリー社会と対比するために、「認知症対処社会」と名づけたいと思います。この認知症対処社会では、社会全体で認知症の人が増加することに対して社会の側が対応するという意味では、認知症フレンドリー社会と同じですが、認知症の人の暮らしづらさや生活全体には着目せず、目に見えやすい事件や事故を減らすことに、力が注がれます。残念ながら、いまの日本社会で、認知症をめぐる社会の側の対応は、認知症対処社会の考え方に基づいたものが主流となっています。

この章では、現在主流となっている認知症対処社会の現状をくわしく見ていくことで、どのような問題があるのかを明らかにしていきたいと思います。

〝トラブル〟の増加

五〇〇万人の認知症の人がいる社会では、当然のことですが、認知症の人が、日常的にさまざまな商品サービスを利用していて、周囲との摩擦《まさつ》や困りごとも発生します。必ずしもすべてが認知症の人というわけではありませんが、認知症の人や認知症が疑われる人が関係する事件、事故、〝トラブル〟が報告されるようになってきています。

高齢運転者による交通事故や高速道路の逆走、流通、飲食、旅行などのサービス業における高齢の顧客とのトラブル、水道電気などインフラ産業での意図しない過剰な利用（水道の出しっ放しなど）、金融商品などをめぐるトラブル、詐欺被害や後見人をめぐるトラブル、洗剤などの容器を飲料と見間違えて誤飲《ごいん》してしまうなど、生活を支えるさまざまな産業で認知症に関係する事例がでてきています。

こうした事例は、大きくわけると、三つのケースになります。認知症の人が被害にあうケース、認知症の人が加害側に関係するケース、そして加害被害どちらの要素もあるケース。

一つ目のケースは、金融商品や誤飲、詐欺被害などです。そのため、どのようにこうした被害を未然に防ぐかということが論点になります。金融機関にリスクの高い商品を勧められて、高齢者が十分な理解をしないまま契約してしまうケースも増えています。しかし、認知症の人がどのような認識や行動をとるのか必ずしも十分な知見とデータがないため、既存の消費者保護や安全対策には、認知症という観点が十分には反映されていません。

二つ目の認知症の人が加害側に関係しているケースは、問題がより複雑になり、立場や意見の対立が起きやすいテーマになります。例えば、認知症と疑われる人が運転をしていた自動車が交通事故を起こしたとき、本当にその人は運転をしてよかったのだろうか、免許更新は適正になされていたのだろうかということになります。高齢者や認知症の人が関係する交通事故は大きく報道されることが多く、高齢者の免許返納は社会問題となっています。

三つ目のケースは、主にサービス業で、企業と顧客という関係で起こります。

先日、旅行業界の人からこんな話を聞きました。ある旅行代理店で、高齢の男性がカウンターにやってきて、パックツアーを申し込みました。受付の担当者によると、特に変わったところはなく、話もなごやかにして、代金も支払っていったそうです。ところが、数日後に家族が解約にやってきました。家族に話を聞くと、男性の自宅にツアーの手続き書類があり、本人に聞いても覚えていないということでした。そして一人で旅行に行くのもむずかしいと思うので、解約したいということでした。

この事例は、認知症の人がかかわった契約をどう扱い、こうしたことをどう防ぐかというような消費者保護の角度から考えることもできます。しかし、一方で企業のほうからすれば、その人が認知症であるかどうか知る術もなく、契約も通常の手続きでおこなっているので、こうしたケースが増えてしまうと、企業側の損失にもつながるという意味では企業側も被害者ともとれます。

サービス提供側と顧客が、認知症という要素をどのように加味するのか、十分な知見が蓄積されていないため、お互いが被害を受けるような状況も生まれています。

免許返納問題

こうしたテーマのなかで、いま最も関心の高いテーマのひとつが、免許返納をとりまく問題です。

近年、交通死亡事故の件数が六五四九件(二〇〇四年)から三六三九件(二〇一四年)と減るなか、高齢運転者による死亡事故の件数は横ばいです。しかし全体の件数が減っているため、七五歳以上の高齢運転者が起こす割合は、六・二%から一二・九%へと二倍になっています。

一〇万人あたりの死亡事故件数も七五歳未満が四・一件なのに対し、七五歳以上は一〇・五件となっています(警察庁、二〇一四年)。死亡事故を起こした七五歳以上の高齢運転者の約半数は、直近の認知機能検査で「認知症のおそれ」、「認知機能が低下しているおそれ」があるとされています(警察庁、二〇一七年)。

この問題を受け、二〇一七年には道路交通法が改正されました。

七五歳以上の運転者は、免許更新時に認知機能検査を受けることになっていますが、ここで「認知症のおそれあり」と判定された人は、全員医師による診断が義務化されました。また、三年に一回の更新時だけでなく、一定の交通違反をした場合には、臨時で認知機能検査を受けることになりました。いずれの場合も、医師により認知症と診断された場合には、免許の取り消しなどの対象となります。

痛ましい交通事故の報道などを目にすると、こうした厳格化もやむを得ない、あるいは、もっと厳しい対策がとれないのかと考える人も少なくないかと思います。その一方で、こうした対策には、複数の立場から疑問の声も寄せられています。

日本認知症本人ワーキンググループなど、認知症の当事者の団体からは、認知症と診断されると一律に免許取り消しとなる今の制度に疑問を呈し、診断だけではなく、運転技能も客観的に確認したうえで総合的に判断する仕組みの導入を求める声があがっています。

また、制度の〝副作用〟として、自動車が生活に不可欠な地域において、認知症であることがわかると運転ができなくなってしまうことから、早期受診を避けたり、医師に実情を伝えなくなる可能性があるという指摘もなされています。

現場の医師からも、医師に最終判断を委ねる現在の対策について疑問の声があがっています。

健常者と認知症の人の境界は明確にわけることは困難であり、その日の体調や環境によっても影響をうけること、さらに、運転の可否と認知症かどうかは別の話で、医師だけで運転の可否を判断することはできないという声もあります。

地域医療に従事する医師からは、家族からは事故が起こるといけないので、認知症と早く診断をつけてほしいという声がある一方、生活に大きく影響する運転の可否を、短い診察だけで判断してよいのだろうかという不安、また逆に、医師が問題なしとした人が、事故を起こした場合、医師は事故の被害者から訴えられる可能性があるのではないかと危惧する声もでています。

海外では、こうした問題に対して、いくつかの対応をとっています。例えば、オーストラリアでは、運転の可否は個別に判断し、認知症の人でも例えば、「自宅から五キロ以内」や「日中のみ」運転可としています。また、認知機能検査だけではなく、車を運転する試験をして、実際の運転能力をみるという国もあります。

現在の対策の根幹にある認知症と診断されたら免許取り消しという考え方が妥当かどうかは、議論の余地があるように思えます。

また、対策には、交通事故が実際に減るかどうかという効果だけでなく、先にも述べた〝副作用〟も考慮される必要があります。免許取り消しとなると、特に車中心の社会である地域で暮らしている時は、多くの人は生活上の移動がむずかしくなります。買い物や趣味で出かける回数が減り、活動の範囲や交友関係も狭くなります。地域によっては、通院なども困難になる場合もあります。

活動や交友関係が減ると、体力も低下し、認知機能も低下していく傾向にあります。対策により高齢者の交通事故は減ったとしても、一方で、高齢者の外出頻度が減り、要介護の人が増加したという結果になるかもしれません。

極端に言えば、免許に定年制を設けて七五歳以上は運転できないという制度を導入すれば、七五歳以上の運転者による交通事故はゼロにすることができます。しかし、本当にそれでよいのかは、他の観点と総合的に判断される必要があります。対策の効果については、これから検証されていくことと思われますが、交通事故が減ったかどうかという点に加えて、こうした副次的な影響がどの程度あるのかも検証されるべきではないかと思います。

経済的な被害にあう

認知症の人が被害にあうケースも、全国的に広がっています。

一人暮らしをする認知症の人の家に家族が訪ねていくと、貯金がほとんどなくなっていて、生活が困窮していることに気づき、調べてみると悪質な訪問販売などの被害にあっていたということがありました。一度被害にあった人が、何度も被害にあうというケースも少なくありません。

現場を回るケースワーカーの人にうかがうと、こうした被害にあいやすい家庭のリストは、犯罪者のあいだにリストとして出回っていて、場合によってはその家の玄関先にわからないような印がしてあるというのです。振り込め詐欺など近年の特殊詐欺はただでさえ手口が巧妙化していることに加えて、こうした認知機能が低下した人の世帯の情報が共有され、多重被害が発生しているのです。

詐欺被害や悪質な訪問販売などに加え、同じものを何度も買ってしまったり、適切な判断ができないまま不要な商品サービスの購入をしてしまったり、逆に生活に必要な財産を売却してしまったりという経済被害もあります。アルツハイマー型認知症の人と家族を対象にした調査（安田朝子「経済被害の実態――アルツハイマー型認知症の人とその家族が経験する経済被害」二〇一一年）によると、対象の八割の世帯でなんらかの経済被害を経験しており、一世帯の平均被害額は五〇〇万円を超えることがわかりました。

認知機能が十分でない場合、成年後見という制度を使って、こうした消費者を守ることができます。たとえ、本人が契約をしたとしても、それが本人の不利益とみられる場合、後見人が契約を取り消すことができます。しかし、詐欺被害の場合、相手が犯罪者ですので、お金をとりもどすことはむずかしいでしょう。後見人をつけるだけで、こうした被害を未然に防いだり、被害を回復したりすることは容易ではありません。

法的な整備に加えて、リスクの高い認知症の人や世帯について、地域の自治会や金融機関、福祉関係の組織、警察などが情報を共有し、被害を未然に防ぐために、地域住民などを含めより広い範囲の人たちの動きが必要になります。しかし、こうした個人情報は、各機関が共有するのを躊躇《ちゅうちょ》する傾向があり、なかなか進んでいません。福祉関係の専門職がリスクが高いと認識している世帯の情報が、警察の詐欺被害を担当する部署には届いていなかったり、逆に詐欺被害の発生状況についての詳しい情報が福祉関係者には共有されていないということが起こります。警察は、認知症の人がどのような暮らしをしているのか必ずしも十分な知識がない場合も多く、有効に連携しているケースは稀です。

イメージとしての「認知症の人」

ここまでのいくつかのテーマのなかで、認知症をめぐる実際の課題とその対策がうまく嚙み合っていない可能性があることをみてきました。これは、何か課題が顕在化したときに、認知症の人の生活をほとんど知らない人が対策を考え、顕在化した事象を対症療法的になんとかしようと考えることに原因があると思います。そして、認知症の人の生活実態を知らないために、対策の基盤になるのが、イメージとしての「認知症の人」です。

私は、NHKで認知症の人の暮らしを取材し、NPOの活動などを通じて、全国で実際の暮らしを知る機会に恵まれてきました。行政や企業、メディアの人たちといっしょに、認知症の人を訪ねることもあります。そのときに、初めて認知症の人と会う人たちから、いつも同じような質問を受けます。

「どの人が認知症ですか」
「認知症の人には、どのように話しかけるとよいですか」
「認知症の人特有の症状は、どんなときにでますか」

表1　認知症の人のイメージと実際

イメージ	実際
認知症かどうかは，1か0か 境界は明確	認知症かどうかは連続的
認知症になると 何もわからなくなる	変化を一番自覚して いるのは本人
認知症の人には 単一の行動パターンがある	行動は多様
多くが介護施設に暮らしている	多くが在宅生活 まちで暮らしている
医師などの専門家が 答えを知っている	課題を独力で解決できる 専門家はいない

出典：著者作成

そして、実際に現場に行くと、認知症の人という同質のグループがいるわけではなく、それぞれ個性ある人たちに、認知症がともなっているということを実感し、必ずと言っていいほど「認知症の人って普通の人と変わらないのですね」という感想が寄せられます。こうした質問と感想に接するたびに、実際に知ることがとても大事だと思う一方、誰か特定の人がプロデュースしているわけでもないのに、強固な認知症に関するイメージが再生産されていて、一般の人のなかに、「認知症の人」というイメージができあがっていることを改めて実感します。

多くの人が思っているイメージとしての「認知症の人」について、少し整理したいと思います。特徴は、上のような表1で説明できます。

まず認知症という名前から、病気の一種であろうと類推されるので、病気であるかないかの境界は明確であるというイメージがあります。

状態を定期的にモニタリングする意味でも医療機関につながることは重要です。しかし他の病気のように、検査で認知症かどうか明確にわかるケースもありますが、境界に位置する状態の人も多くいて、医師が生活状況なども踏まえて総合的に判断しているというのが現状です。

多くの人が思うよりも、認知症の人とそうでない人の境界はあいまいで連続的です。

「どの人が認知症ですか」とたずねられたときに、そこが初めて訪れた場であれば、私も一見しただけではどの方が認知症かというのはわかりません。「健常者」と「認知症の人」というグループがはっきりわかれ、そこに何か明確な差があると考えるのは、イメージとしての認知症の人の世界です。実際には、話をしたり、かかわるなかで、その人と周囲の環境に摩擦が生じ、なんらかのサポートが必要になってきているかどうかがわかってくるからです。

何もわからなくなる？

「認知症になると何もわからなくなる」というイメージも強く残っています。近年、認知症の当事者が、全国で経験を話す機会が増えてきました。違和感を持ったときの体験、認知症と診断を受ける前後の体験、生活をするうえで感じる不便なこと、さまざまな体験が語られるようになり、話を聞いた人のあいだでは「認知症になると何もわからなくなる」というイメージは払拭されつつあります。

しかし、一方で、家族が重度の認知症になり、介護が大変という話も多く、特に芸能人が配偶者を介護した体験談であったり、介護の苦労のため命を絶ったというような事件が強い影響力を持っています。もちろん、認知症が進行し、介護が大変だという人がいることは事実です。しかし、誰しも突然に重度の認知症になるわけではなく、初期の状態からさまざまな体験があり、周囲の環境によってその後の暮らしぶりはまったく異なるものになります。

認知症をめぐる生活上の物語には、悲しいものからほっとするもの、心強くなるもの、ちょっぴりうれしいもの、大小問わずさまざまなものがあります。しかし、メディアや人々の世話に登場するのは、物語として消費されやすい、介護者を軸にした介護が大変という物語に偏りがちです。こうした物語に付随して、「認知症になると何もわからなくなる」というイメージが再生産されているのです。

全国の認知症の人たちの協力によって作られた『本人にとってのよりよい暮らしガイド』に

も次のように書いてあります。

世の中の多くの人たちは、「認知症になったら、何もわからなくなる、何もできなくなる」、「認知症になったら、人生もうおしまい」という旧いイメージ(偏見)を、根深くもっています。

わたしたち自身も診断された当初はそう思いこみ、絶望し、生きていく自信や気力を一気に失ってしまった時期がありました。

でも実際は違いました。

病気になったからといって、いきなりすべてがわからなくなる、できなくなるわけではありませんでした。

少しずつ、わからないこと、できないことは増えてはいますが、診断後何年たっても、まだまだわかること・できることがたくさんあります。

（東京都健康長寿医療センター『本人にとってのよりよい暮らしガイド――一足先に認知症になった私たちからあなたへ』）

認知症の人自身も診断直後には「何もわからなくなる」といったイメージを持っていることが多くあり、それだけ、イメージの影響力は強いと言えます。

コミュニケーション

「認知症の人には、どのように話しかけるとよいですか」という質問をするのも、認知症の人は普通にはコミュニケーションをとることがむずかしく、何か特殊な方法を使うと上手なコミュニケーションがとれるという考えが背景にあるからだと思います。私は、こういうときに、そうした思い込みを持たず、まず普通に話しかけてみてくださいと答えています。

認知症の本人にたずねると、多くの方が、高齢者向けにわざとらしく大きくはっきりした口調で話しかけたり、過剰に目を合わせて話されるのが嫌だと言います。認知症の人と話すための、何か共通のメソッドがあると考えること自体に抵抗感をもつというのです。

もともと話すのが得意な人もいれば、もともと寡黙な人もいて、耳が遠い人もいれば、早口の人もいます。例えば、東京都民は神奈川県民に比べて、ゆっくり話したほうがよいとか、目を合わせて喋ったほうがよいと言われると、そんなバカなと思うと思います。東京都民は○○だとか、神奈川県民は○○というような言い方は、一見何かわかったような気がしますが、実際には、東京と神奈川の違いよりも、そこに住むそれぞれの人の違いのほうがはるかに大きいので、そうしたグループの比較は意味がないと感じることでしょう。

しかし、認知症の場合は、実際にはさまざまな人がいるにもかかわらず、認知症であるというだけで、共通の性質を持つグループとして扱われてしまっているというのが現状です。認知症の人にはどのように話しかけたらよいのかというような質問がでてくる発想が根底にあると、はるかに多様な実態を見えなくしてしまうと考えられます。

"見えない障害"

交通関係の企業の人とお話しをしていて、こんなコメントをもらいました。

「認知症の人で、鉄道やバスなどを日常的に利用している人はいるのですか」

「認知症の人を見たことがありません」

たしかに、車椅子や杖のように見てわかる〝目印〟があるわけではないので、認知症の人が利用しているかは外見からはわかりません。交通関係の企業の人がそう思うのも無理はないかもしれません。しかし、およそ六割の認知症の人が家で暮らしているのに、そうした人が公共交通機関をまったく使わないはずはありません。

二〇一四年に国際大学が実施した認知症の人へのアンケート調査（「認知症の人にやさしいまちづくりの推進に関する調査研究事業」）でも、利用頻度は減っているものの、公共交通機関を利用している実態が明らかになりました。例えば電車やバスなどの利用について、認知症になってからの利用の頻度を聞いた設問では「活動（利用）をやめた」とした人が四四％いた一方で、「回数や頻度が減った」（二六％）、「以前と変わらない」（一〇％）と答える人もいました。

まちには、認知症の人がたくさんいるはずで、実際、そのことがトラブルとして顕在化するケースもあります。しかし、何も問題なく、サービスを利用している段階では、周りには認知症であることはわかりません。一瞬迷ってしまったり、機械の操作に戸惑ったという体験や、誰かが付き添いをして必要なときにサポートしているという実態も、語られていないため企業側からはほとんどわかりません。

認知症は、〝見えない障害〟という側面があり、実際には多くの人がその商品サービスを利用しているにもかかわらず、企業にとっては、認知症の人はどこか地域から隔絶された施設のようなところに住んでいるというイメージが生まれているのではないかと思います。

認知症の課題は、医師などの専門家に聞くべきだというのも、イメージとして強くあります。認知症は病気のひとつなので、医師が解決策をもっているはずという考えから生まれています。もちろん、診断や症状の見立てなど医師が専門的にやるべきことはあります。しかし、免許返納問題で医療者自身からも疑問が呈されていたように、認知症の人が生活上起こる課題について、医師は何でも知っているわけではありません。

ところが、認知症に関する事柄について、メディアでも、記事や番組の監修に医療者をつけることが一般的ですし、国の審議会などでも医療者が中心的な役割を担うことが多いのが現状です。生活で起こっている困りごとの専門家という意味では、それは認知症の人自身が一番の専門家でしょうし、解決策はそこにかかわる企業の側にあるかもしれません。

ここまで見てきたように、実際とは違うイメージに基づき、対策がおこなわれていて、かつ対症療法が中心というのが、実態なのです。

認知症対処社会の悪循環

問題が起きたら、対策を立てて、解決するというのは当然ではないかと考える人も少なくないと思うのですが、認知症の分野に関して、この〝対症療法〟には大きな問題があるのではないかと私は考えています。

暮らしの実態からかけ離れたところで出てくる、事件や事故を減らすための対策は、認知症の人の行動を制限する方向にいく傾向があります。

極端な話、認知症の人を地域や社会から隔離すれば、認知症の人が関係する事件事故はゼロにできます。そこまで極端な話になることは稀ですが、何か画期的なアイデアでもない限りは、認知症の人がどんどん自由に外出して地域へ出るよりも、どこかで一定の制限をかける対策のほうが、事件事故を減らすことには効果がありそうなので、そうした方向で話が落ち着いていきます。

本来、こうした議論の場に、困りごとの専門家とも言える当事者が入っている必要があるでしょうし、実際に効果はあるのか、大きな〝副作用〟はないのかも検討されるべきですが、免許返納問題も、議論の過程に当事者が参画しないまま、「専門家」によって議論が進められてきています。

対策が、実際に効果があるのか、中長期的に大きな〝副作用〟がないのかは十分な検証がされていません。仮に交通事故を減らす効果があったとしても、他に何ら対策がとられない状況では、認知症と診断されることを恐れ、診断を避けたり、活動量が落ちて施設や病院へと行かざるを得ない人が増える可能性があります。対症療法が新たな問題を生み、また対処をしないといけないという悪循環を生み出すのです。

対症療法を超えて

この本で紹介する認知症フレンドリーという考え方は、この対症療法の悪循環を超えるために必要な考え方です。認知症対処社会と認知症フレンドリー社会を比較すると図5のようにな

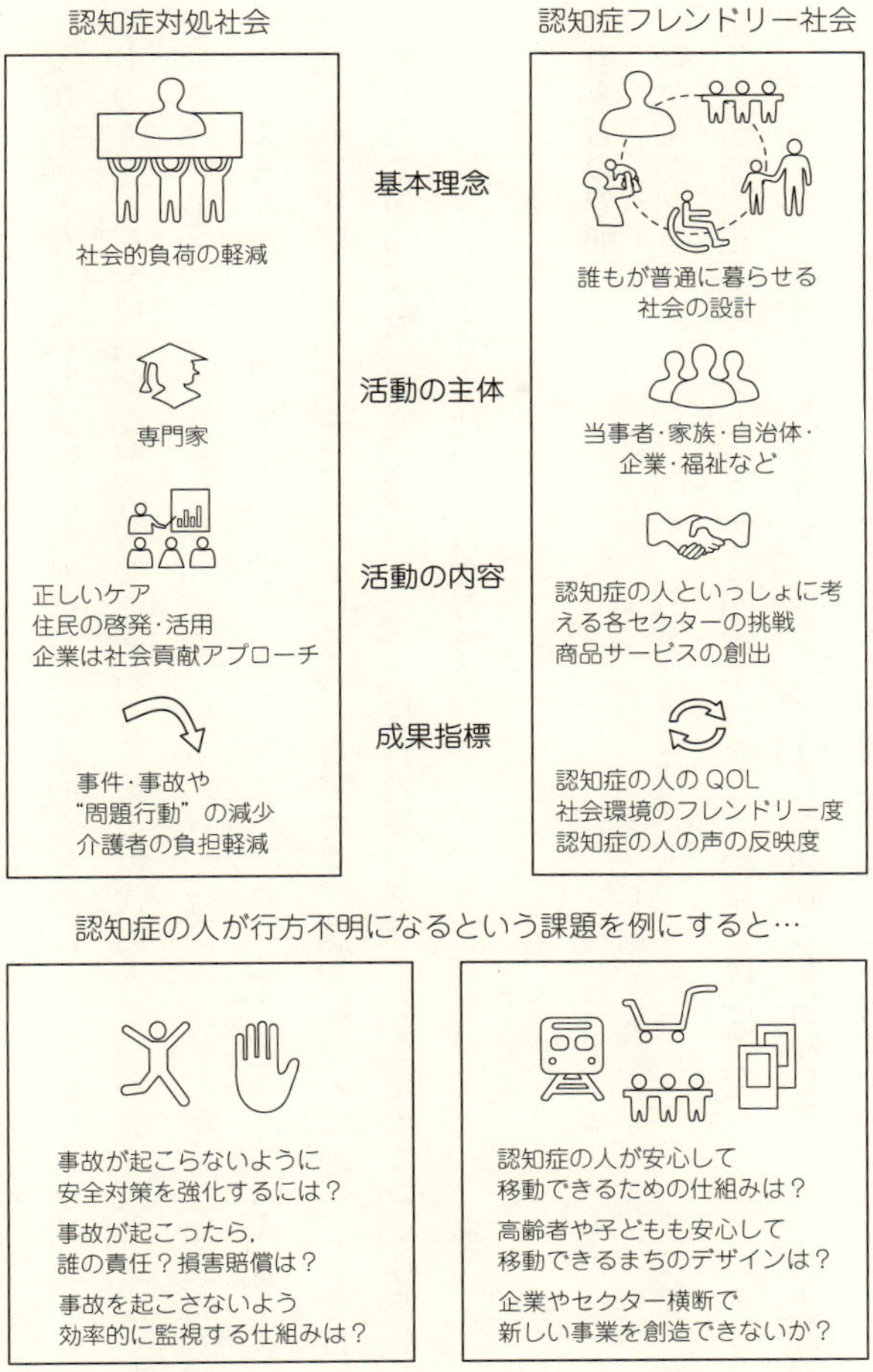
認知症対処社会
認知症フレンドリー社会
基本理念
社会的負荷の軽減
誰もが普通に暮らせる
社会の設計
活動の主体
専門家
当事者・家族・自治体・
企業・福祉など
活動の内容
正しいケア
住民の啓発・活用
企業は社会貢献アプローチ
認知症の人といっしょに考
える各セクターの挑戦
商品サービスの創出
成果指標
事件・事故や
"問題行動"の減少
介護者の負担軽減
認知症の人の QOL
社会環境のフレンドリー度
認知症の人の声の反映度
認知症の人が行方不明になるという課題を例にすると…
事故が起こらないように
安全対策を強化するには？
事故が起こったら，
誰の責任？損害賠償は？
事故を起こさないよう
効率的に監視する仕組みは？
認知症の人が安心して
移動できるための仕組みは？
高齢者や子どもも安心して
移動できるまちのデザインは？
企業やセクター横断で
新しい事業を創造できないか？

出典：著者作成

図 5　認知症対処社会と認知症フレンドリー社会

ります（図にあるセクターとは業種や立場のこと）。

現在主流となっている認知症対処社会の基本的な理念は、認知症の人が社会的な負荷だというものです。社会保障費などの説明で使われる現役世代何人で高齢者一人を支えるといったおなじみの図の発想です。これ自体間違っているわけではありませんが、認知症の人が五〇〇万人を超えるなか、「特別な人を、みんなで面倒をみてあげよう」という図式は、よくも悪くも成立しない状況になってきているというのが現実です。認知症の人の困りごとを含め、どのような状況であっても、普通に暮らすために社会の側のデザインを変えていく必要があるというのが認知症フレンドリー社会の考え方です。

当事者の参加

認知症対処社会では、「専門家」が解決策を持っていることになっているので、活動内容は、正しい医療や正しいケアということが大事になり、地域住民を啓発し、ボランティアとして活用していくという発想になります。企業もこうした活動に参加はしますが、社会貢献という文脈で、CSR（企業の社会的責任）を担当する部署が中心となります。

認知症フレンドリー社会では、自治体や企業が、当事者や家族といっしょになって、課題を掘り下げ、解決策を考えていきます。顕在化した事件や事故だけをもとにして、イメージとしての認知症の人で考えるのではなく、認知症の人や家族の経験をもとに、事象を理解し、自分たちにできることは何なのかをいっしょに考えます。そうしたプロセスを経て、自治体であれば政策に反映したり、企業であれば自社の商品サービスの改善につなげていきます。企業の場合、社会貢献という文脈ではなく、その企業の中心となる事業そのものを、高齢者や認知症の人に使いやすいものにするための活動となり、本業を担当する部署が中心になります。

成果をどのように測るのか

二つの社会では、成果をどのように測るのかという指標も異なります。

認知症対処社会では、事件や事故が減少するか、あるいは「問題行動」（現在は、認知症の人の心理的状況を踏まえず一方的に問題であると断定することが望ましくないとして使われていない用語）が減るかどうか、介護の負担が減ったかどうかということに着目します。

一方で、認知症フレンドリー社会では、認知症の人のＱＯＬ（生活の質）がどのように変化したか、社会環境がどの程度認知症の人にも使いやすいものになったか、政策や商品サービスなどに対して認知症の人の声がどの程度反映されているかどうかといったことに着目します。

こうして見ていくと、認知症フレンドリーのアプローチは、決して特殊な考え方ではありません。政策を考える際に、どれだけ住民や関係者の声が反映されているのか、商品サービスを開発する際に、消費者の声が反映されているのかなど、ごく当たり前の考え方です。

同じ医療福祉分野であっても、例えば、がんであれば、がん対策を検討する協議会にがん患者が入るのは当然のことであり、がん患者との協働なくして、何らアクションを起こすことはできないという状況です。しかし、認知症の場合、「認知症になると何もわからなくなる」というイメージが先行して、政策や商品サービスの受け手・消費者である認知症の当事者があまり認識されず、医療やケアの専門家や福祉制度の研究者などが代わりに課題を語り、解決策を提示してきたのです。

認知症に関係して起こる事件や事故にばかり注目が集まり、対症療法を繰り返していると、認知症の人を社会的に隔離する傾向が高まるばかりでなく、社会全体のコストも増加していくと考えられます。対症療法を超えて、認知症フレンドリー社会を実現するためには、認知症にまつわるイメージを払拭し、認知症の人や家族が体験したことを、社会全体で共有し、社会の側をどのように改良していくのかを考えていく必要があると考えています。

3.

認知症をとりまく本当の課題

認知症の人と家族の取材から見えてきたもの

私が認知症というテーマに初めてかかわったのは、前にも述べましたが、NHKにいた二〇〇六年です。当時、認知症というテーマにはあまり具体的なイメージがなく、強い関心もありませんでした。ただ、せっかく取材に応じてくださった認知症の人と家族に失礼があってはならないと思い、お会いする前に、認知症についての本を何冊か読みました。

読んだのは、医師が書いた本でした。認知症は病気の名前ではなく、原因となる病気が複数あること。症状としてはもの忘れがよく知られているが、もの忘れがない場合もあり、タイプによって症状も複数あること。根治する薬はないけれど、症状の進行を一時的に遅らせる薬があること。適切なケアがなされないと興奮したり、暴力を振るうことがあるけれど、ケアの環境がよければ、そうした症状はでないこと、などが書いてありました。

取材させていただいたのは、千葉県柏市に住む青津彰さん、優子さんのご夫婦でした。妻の優子さんは、しかけ絵本の作家をしていましたが、五〇歳のときに認知症と診断され、仕事は辞めることになりました。その後、夫の彰さんが家でデザイン関係の仕事をしながら介護をしていました。

まず私は、ご夫妻の家を訪ね、どんな症状があるのか、どんなことに困っているのかをうかがいました。いまの私であれば、こんな聞き方はしないと思いますが、当時は何の知識もなく、本に書いてあったことを確かめるような聞き方をしていたと思います。

症状が現れたのは、診断を受ける二、三年前からでした。優子さんが仕事上の大事な約束を忘れてしまったり、ふさぎこんでいる様子を見て、当初はうつ病ではないかと精神科を受診したりしました。年齢も若く、認知症ということはまったく想定していなかったそうです。その後、他の病院を受診したことをきっかけに認知症の専門医と出会い、アルツハイマー型の認知症であることがわかりました。

このときの番組の趣旨は、認知症の専門医とつながり、症状の進行を抑制する薬を飲み始め、介護に関する情報も知ることができたので、安定した生活が送れるようになったというお話を紹介することでした。症状が進行してからではなく、異変を感じた段階で早めに病院を受診することで、早くから薬を飲めたり、本人や家族も準備ができるようになりますというのが、視聴者へのメッセージでした。

私は、こうした趣旨に沿うように、ご夫婦の暮らしのなかから、もの忘れの症状が見られるようなシーンはないか、早めに受診したことで準備につながったことはないかなどを探し、それらを番組で紹介しました。

ここまではごく普通の番組の制作過程なのですが、この取材を通じて、私にはどうしても心にひっかかるものがありました。

このご夫婦は、日々のなかでも、もの忘れがあってもいいようにメモをうまく活用していたり、暮らしに工夫をこらすことで充実した生活を送っていました。専門医と早めにつながることができたこと、日々の工夫に関する情報を同じ立場の当事者や家族から聞く機会にも恵まれたことが、ご夫婦の暮らしによい影響を与えたことは間違いありません。しかし、それだけで、ご夫婦がいきいきとした暮らしをされているのかというと、どうもそうではないのではないかと感じたのです。

青津さん夫妻（著者撮影）

青津夫妻の場合、暮らしの質に大きな影響を与えていたものが、二つありました。ひとつは、優子さんが定期的に通っていたスポーツクラブのプール。もうひとつは優子さんが趣味仲間といっしょにやっている紙芝居の読み聞かせでした。

青津夫妻は、スポーツクラブの人や趣味仲間にも認知症であることを伝えていました。優子さんがプールの更衣室で着替えのある場所がわからなくなったときには、スポーツクラブの職員がサポートをしてくれていました。

趣味仲間も認知症であることを知っているので、時々セリフをつっかえたりしても、隣の人がどこから読み始めるのかを、そっと教えてくれるような状況でした。しかけ絵本を作ることはできなくなったけれど、絵本の読み聞かせを通じて、仲間や子どもたちとの交流を続けることができました。

薬や介護の情報も重要であることは否定しませんが、そのときの私の直感では、認知症の人や家族の暮らしの質や幸福には、こうしたつながりのほうが大事なのではないかという気がしたのです。番組では、そのことがうまく整理できないまま、紙芝居などを紹介したものの、基本的には、早期診断が早期支援につながりましたという話で終わってしまい、なんとなく心にモヤモヤが残りました。

同じ症状でも、住む地域によって暮らしが異なる

最初の取材でモヤモヤがあったからか、認知症というテーマの奥深さを知ったからか、その後、認知症について取材する機会が増えました。「生活ほっとモーニング」では、新しい認知症ケアを実践するドイツの介護施設を取材したり、「ＮＨＫスペシャル」では、認知症医療の体制について問うという番組を担当しました。

認知症に関係する医療やケアの専門家、家族会、自治体担当者、認知症の当事者などとも、お話をする機会が増えていきました。

そうしたなか、最初の取材で感じたモヤモヤは間違っていないというか、どうもそうらしいということがわかってきたのです。それは、認知症の症状が同じ程度であっても、住む地域や環境によって、暮らしの質がまったく違うということでした。

多くの人のイメージでは、症状が軽いうちは困りごとも少なく、症状が進むうちに大変になってきて、暮らしの質も下がっていくと考えられています。症状が同じ程度であれば、困って

いることや度合いもだいたい同じであると思われています。しかし、認知症の人や家族の人に数多くお会いしてみると、まったく違う状況がありました。

軽度で、認知機能検査の点数が同じくらいの人であっても、それ以前とほとんど変わらず外出したり、友だち付き合いが続いている人もいれば、家からほとんど出ずに、病院と家を往復する日々、家族とも関係が悪くなっている人もいました。多くの人の話をお聞きするなかで、認知症の人の暮らしの質は、症状の軽い重いではなく、周囲の人や環境の側が、認知症にともなって起こることをどのように受け止めているかによっているのではないかと思うようになりました。

また都市部か地方かによっても差があることもわかりました。中等度の認知症であっても、近所の人に支えられながら農業を続けている農村の男性もいれば、ごく初期であっても会社を辞めざるを得なかった都市部の男性もいました。仕事の内容に違いもあるものの、地域のありよう次第で、認知症であることが大きく影響されるか、ある程度緩和されるかが違うというのも、多くの人の話を聞くなかで実感しました。

私がこのテーマにかかわり始めた当時も、「認知症になっても安心して暮らせるまちづくり」

というような地域に着目したスローガンはあり、地域づくりの活動をしている人はいました。

しかし、私が感じていたモヤモヤと従来のこのスローガンは、少しニュアンスが違いました。当時のまちづくりのイメージは、認知症の人は症状があったりして皆さんに迷惑をかけるかもしれませんが、あたたかく見守りましょうというような意味合いでした。おこなわれていたのも、認知症のことを正しく知っている市民の養成(認知症サポーター)や見守り活動などが中心でした。

私の感じていたモヤモヤは、もっと積極的な意味合いでした。ある地域では、それまでと変わらない暮らしができる人が、別な地域では認知症になったばかりに引きこもりになってしまっているのであれば、それは、その人の課題ではなく、地域や社会環境の側に原因があり、対策をきちんと考えれば、解決できるのではないかと思ったのです。

同じ症状でも、住む環境によって暮らしのあり方が異なるということは、認知症にともなう課題は、当事者である「彼らの課題」ではなく、社会環境をつくる「私たちの課題」であるということを意味しています。

もちろん、このことを感じていたのが私だけだったわけではありません。医療や介護の現場でも、こうしたことを感じていた人はいました。今日、認知症フレンドリーという考え方に注目が集まっているのも、こうした認識が広まりつつある証でもあります。

「認知症は病気」言説の功罪

認知症という言葉よりも、「痴呆」や「ぼけ」という言葉のほうが馴染みのある人もいると思います。認知症という言葉は、二〇〇四年に、それまで使われていた痴呆や痴呆症という言葉に代わって使われるようになりました。痴呆という言葉が、認知機能の低下などの実態を正確に表しておらず、蔑視的であるという意見もあり、名称が変更となったのです。

日常的な用語としては、ぼけという言葉もよく使われてきました。「あそこのおじいちゃん、最近ぼけてきてしまった」というような言い方は、現在もされています。

同時に、ぼけや痴呆が、加齢にともなう自然の変化のようなニュアンスがあるのに対して、認知症という言葉は、病気の名前として、医療的なニュアンスが強いように私には思えます。

これには、背景となる事柄もあります。認知症の治療薬(進行を一時的に抑制するもの)が登場したのは、一九九九年です。それまで、認知症の人に対して病院でできることは、認知症にともなって現れる精神症状に対して、対症療法として薬を出すことくらいでした。しかし、一九九九年以降は、認知症に対する薬があると言えるようになりました。もちろん根治する薬ではありませんし、症状の進行を抑制する作用も、多くの認知症の当事者や家族が期待するほど大きなものではありません。それでも、認知症になったら、病院に相談しましょうということが盛んに言われるようになりました。二〇〇〇年代に入ってからは、加齢にともなう変化ととらえられてきた事柄が、病気であるという認識が広まってきたのです。

認知症は病気であるという認識の広まりには、よい面と問題な面があります。

ぼけや痴呆と呼ばれていた時代には、認知症は、病気というよりは、加齢による変化あるいは、パーソナリティーの変化ととらえられていました。当時のバラエティー番組には、認知症の人をモデルにしているであろう、ちょっと「変わった人」が登場していました。今ならば認知症にともなう症状ととらえることを、パーソナリティーの変化ととらえることは、当事者や家族にとって、よりつらいことではなかったかと思います。

それが、認知症という名前に呼び方が変わり、それと前後して医療の対象となることで、パーソナリティーの変化ではなく、病気による症状なのだという理解が広まったことは、本人や家族、身近な人たちにとって大きな希望となったことと思います。認知症の当事者たちが、みずからを語るようになったのも、ちょうどこのころからです。現在、認知症とともに生きる人、認知症とともによく生きるというようなテーマ設定がなされるのも、認知症は病気であるという認識の広まりを下敷きにしていると思います。

問題となる面のひとつが、病気ならば、医療者がなんでも解決できるはずで、一般の人たちにできることはほとんどないというイメージを作ってしまったことです。認知症の人や家族の持つ生活課題や困りごとを、医療がなんでも解決できるはずがありません。特に専門知識がなくても、認知症を持つ人と接することはできますし、地域のなかで普通に暮らすためには、ごく一般の人の考えや行動が鍵になります。

しかし、認知症と聞くと、私は勉強不足なのでわかりませんというような答えが返ってくることが多く、何か知識を習得しないと考えてはいけない、行動してはいけないものになってしまっています。自分たちの問題ではなく、誰か専門知識を持った人が解決してくれる問題になってしまったことは、大きな負の側面と言えると思います。

特に認知症とかかわりの少ない人々のあいだには、病気ならば、先のように医療がなんとかしてくれるはずだというイメージが強くあります。私がディレクターとして番組を作った時にも、医療が主なテーマでなくても、認知症のことを扱う場合、スタジオゲストに医師を呼んで、総合的な監修をしてもらうようにお願いをすることがよくありました。これは、多くの人が、医師が言うことであれば、その通りだと思うような傾向があり、番組を作る際に、医師を呼んでおいたほうが無難だろうという制作側の考えもあったと思います。

しかし第2章で述べてきたように、ほとんどの生活課題は、当事者や家族、そしてそこにかかわる商品サービスを提供する企業や、生活課題に近い医療福祉の専門職などがかかわることで解決に近づいていくのではないかと思います。

認知症ケアの変遷

認知症の人をどう支えるかというケアの分野も変化しつつあります。かつては、認知症の人が〝問題〟を起こすかもしれないという前提で、それらをどのように減らすのか、あるいは安全を守るためにどのように管理するのかといった視点でケアが考えられてきました。しかし、その後、認知症の人自身の視点にたった接し方や環境づくりが大事だという認識が広がります。

アメリカで生まれた「バリデーション」やフランスで生まれた「ユマニチュード」なども、そうした考え方に基づいています。

こうしたケアの現場の実例からは、重度の認知症で、言葉によるコミュニケーションがむずかしい人であっても、認知症の人の想いを理解し、コミュニケーションをとることが十分可能であることがわかってきています。こうした考え方や技法は、認知症ケアを職業とする人だけでなく、認知症の人を介護する家族にとっても大きな希望となっています。

さらにケアをとりまく近年の変化は、ケアの場が、介護施設や家のなかだけに閉じたものではなく、地域へと広がってきていることです。認知症の人たちが、外出して、地域で活動をすることもそれほど珍しいことではなくなってきましたし、認知症の人たちが住む高齢者住宅に駄菓子屋スペースがあり、近所の子どもたちや子育てをする世代がやってくるという場所もあります。従来のケアがどちらかというと一対一という関係性を軸にしていたのが、近年のケアは、多対多という関係を軸にしたものに移行しつつあるのです。

てきます。

時代とともに変わる問題意識

「認知症は病気」言説は、歴史的にもう少し射程を広げると、さらに興味深いことがわかってきます。

二〇一七年、神戸で開催されたＷＨＯの認知症に関する国際会議にスピーカーとして参加した時のことです。認知症をめぐる日本の体験を話すことになり、認知症の課題は医療モデルからケアモデルに移行し、そして現在はコミュニティモデルへと移行しているという話をしました。それに対して、途上国のスピーカーからは、私たちはいま医療モデルがないので、コミュニティモデルから医療モデルへの転換を急いでいるという報告がありました。どうも矛盾するような感じもしたのですが、図6のようにすると、どのようなことなのか整理できます。

医療やケアが十分ではない状況で、かつ高齢者自体が少ない国では、認知症の人自体は稀な存在になります。ナイジェリアでは、認知症になると悪魔が取り憑《つ》いたとされて木に縛りつけられてしまう地域があるとの報告がされています。日本でも、古くは、認知症も含め精神障害などを、何かが憑いている状態として、忌避したり、座敷牢に閉じ込めたりしていました。こうした状況を、医療もケアもほとんどない状態での古いコミュニティモデルと呼べるかもしれ

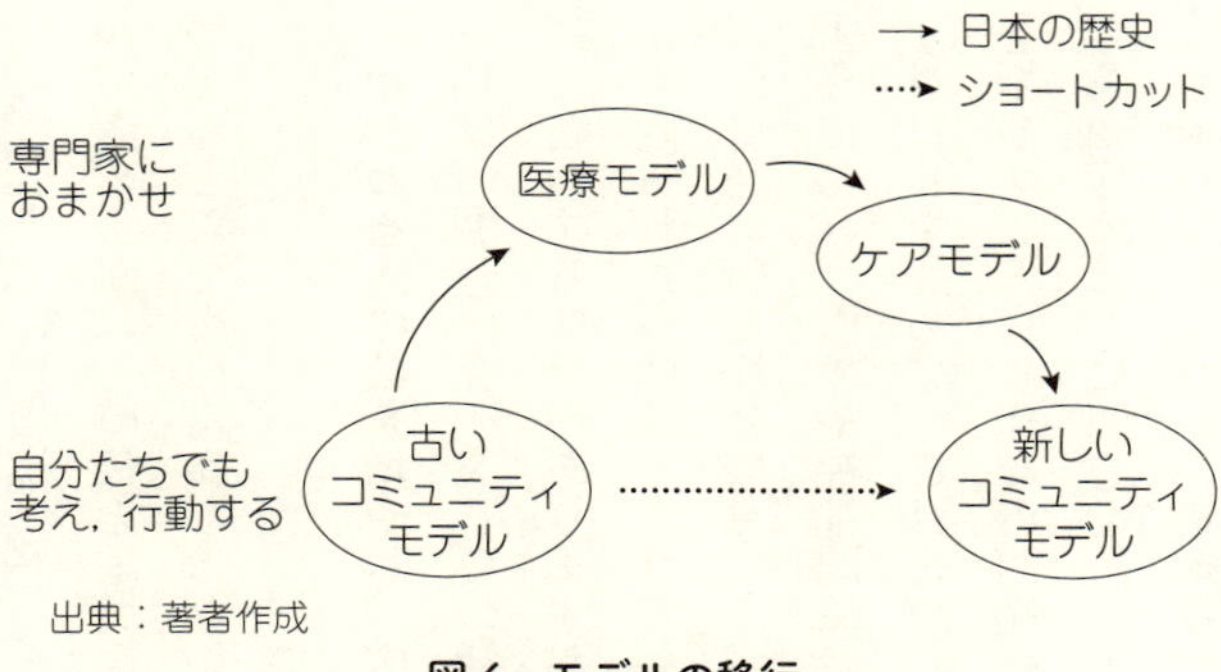

図６　モデルの移行

ません。

そこで、認知症は病気であると強く打ち出すことが求められているというのは理解できるように思います。高齢化率がそれほど高くなく、医療水準が高くない国においては、認知症のことを理解している医師自体も少なく、認知症に関する医師の養成や拠点づくりが要請されているのです。

しかし、高齢化が進展し、認知症の人が増えてくると、医療モデルからケアモデル、ケアモデルからコミュニティモデルへと移行していくことは、日本の歴史からある程度わかっていることです。せっかく日本やヨーロッパなどの経験があるのであれば、他の国々は、こうした過程をある程度ショートカットして、古いコミュニティモデルから新しいコミュニティモデルへと直接移行するという手もあるのではないかと考えます。

「認知症は、医療の問題」というのは事実ですが、認知症をとりまく課題をどのようなモデルで考えるかは、時代と地域によって異なっています。いまの自分たちの常識が必ずしも、いつでもどこでもの常識ではないことに留意する必要があります。

かかわる人の数を増やし、広げる

私は、調査研究やＮＰＯの活動を通じて、認知症にかかわる専門家や活動をしている人たちにお会いする機会がありますが、いつも感じていることがあります。それは、ごく少数の、しかも限られた専門性の人たちによって、対策や活動が担われているということです。認知症の人が普通にいる社会において、解決しないといけないこと、対応しないといけないことは山のようにあり、医療や福祉関係者だけでは対応できない課題が多くあります。

ＮＨＫを辞めて、これまでしてきた仕事は、ひとことで言えば、認知症の課題にかかわる人を増やすこと、多様な専門性を持った人が入ってくるような仕掛けを作っていくことです。認知症のことに関心を持つ企業の人たちに集まってもらい、認知症の人をゲストとして暮らしや困りごとについて考えるワークショップをしたり、地域の人や企業の社員が認知症の人と出会い、普通に交流できるように全国縦断のタスキリレーを企画したり(第5章)、自治体や企業の人たちが認知症の人と協働して政策や商品サービスを作るためのサポートなどをしてきました。

こうしたことを通じて、企業の新規事業開発の担当者や、すでに認知症に関係する悩みごとを解決したいと思った担当者が、本業として何ができるかを考えるきっかけを作ってきました。直接影響を及ぼせる範囲はそう広くはないですが、こうした活動を通じて、後でも述べるように、認知症の人とは、という具体的でリアルなイメージを持った人が政策を考える人や企業で仕事をする人のなかに増え、それによって世の中のいたるところが認知症に対応していくようになればよいと思っています。

欧米の認知症関係の団体を訪問すると、組織の予算規模の大きさや人数の多さに圧倒されます。

英国のアルツハイマー病協会は、職員が全国に七〇〇〇人。ロンドンに本部があり、そのオフィスは日本の上場企業のオフィスと立地や外観も変わりません。働いているのは若い人が多く、さまざまな専門性を持った人が、一般企業と同じように就職してきます。会長のジェレミー・ヒューズさんは、がんの団体からヘッドハンティングされてきましたし、財務やマーケティング、キャンペーン、資金調達、調査研究、ロビーイングなど幅広い分野の専門家がそろっています。業界ごとの取り組みを推進するチームは、業界団体や企業との利害調整をしながら、ガイドラインを作成していきますし、キャンペーンチームは、広告代理店やテレビ局と打ち合わせをしながら、新たなキャンペーンの戦略を練り上げていきます。

日本では、全国規模の団体でも専従職員が数えるほどしかいません。基本的には介護を体験した人や医療福祉の専門職などが組織運営の中心を担っているのが実情です。社会や文化の違いもあり、すぐにこうしたギャップを埋めることはできないかもしれません。しかし、認知症の課題に向き合う人の数や種類を増やすという目的から考えれば、必ずしも、認知症関係の団体が、欧米並みに大きくなる必要はないかもしれません。企業が本業として認知症の課題を扱うようになれば、それでもよいですし、行政のなかでも福祉部門以外の部門、例えば、産業部門や交通部門、住宅部門などの人たちが、認知症の人が一定数いる社会をどのようにしていくか考えるだけでもかかわる人の数が増えることになります。

認知症とは、医療のなかの認知症という病気の話ではなく、高齢化、長寿命化が進むなかで、これからの私たちが直面する社会のデザインであり、すべての人やすべての仕事に関係してくるのだということが共有できれば、必然的に、認知症の課題を考える人の数や幅が広がるのだと思います。二〇一八年現在、認知症をとりまく課題を考える人の数などが十分とは言えませんが、ここ一〇年で、かなり増えてきたというのが、私の実感です。

4.

英国の挑戦

最も進んでいる英国

認知症フレンドリー社会へ向けた動きが最も進んでいる国のひとつが、英国です。二〇〇九年、認知症を国家の重要課題と位置づけ、認知症国家戦略を発表しました。二〇一二年には、当時のキャメロン首相が、認知症に関する新たな政策(プライムミニスターズチャレンジ)を発表し、認知症フレンドリーな社会環境をつくる政策を掲げました。その政府の方針の下、政策を中心的に推進しているのが、英国アルツハイマー病協会です。

この英国アルツハイマー病協会は、認知症に関する民間の非営利組織で、イングランド、ウエールズ、北アイルランドをカバーし、各地域では認知症の人や家族に対する情報やサービスの提供、全国レベルでは調査や政策提言、意識向上キャンペーンなどをおこなっています。アルツハイマー病という名前がついていますが、アルツハイマー型認知症に限らず、認知症全般を扱っています。

ここでは、認知症フレンドリー社会の実現に向けて、二つのアプローチをとってきました。ひとつは、地域ごとのアプローチ。もうひとつが、業種やテーマごとのアプローチです。

英国アルツハイマー病協会
高齢者関係の団体
プリマス市役所（福祉部門以外も広く参加）
市バス
学校
病院
図書館
海軍基地
消防署
教会
大学
など…

出典：国際大学グローバル・コミュニケーション・センター『認知症の人にやさしいまちづくりガイド』

図７　プリマス市の認知症アクション連盟に参加する組織

認知症アクション連盟ＤＡＡ

地域ごとのアプローチでは、それぞれの地域に認知症フレンドリーコミュニティを推進するしかけを考えます。まず地域のなかに認知症の課題に取り組む団体や企業を束ねるネットワーク「認知症アクション連盟（ＤＡＡ：Dementia Action Alliance）」を作ります。

先進地域のひとつ、英国南部の港湾都市プリマスの場合を見てみると、このＤＡＡに医療や福祉関係の団体だけでなく、バス会社や図書館、教会、学校、海軍基地といった一見認知症とは関係がなさそうな組織なども多く参加しています（図7）。

認知症の人や家族の暮らしを考えたときに、生活にかかわる産業や組織がそれぞれできることやおこなうべきことがあるという認識が英国の対策の基礎にあります。DAAは、日本でいうところの市町村単位のものが中心ですが、より広域の県単位のものもあれば、生活に密着した小さい学校区単位のものもあります。

DAAは、同じ地域のなかで認知症について活動する組織やグループが目標やその進捗を共有したり、複数の組織やグループがいっしょにプロジェクトを実施するための場です。複数の組織やグループの代表者が集まり、どのような地域にしていくのかが話し合われています。目標が設定されると、実際にどの程度達成できたかが定期的にチェックされます。

プリマス市でのDAAの会議（著者撮影）

また、英国アルツハイマー病協会が事務局となって、申請された認知症フレンドリーコミュニティを登録する仕組みがあります。認知症フレンドリーコミュニティになるには、これを満たしていないといけないという絶対的な基準はなく、関係者が自分たちで目標を設定し、それが達成できているかを定期的にチェックしているかというプロセスが審査されます。

なおＤＡＡは、多くの地域で採用されている方法で、認知症フレンドリーコミュニティへ向けた動きを作るための基礎となっています。

ＤＡＡのもうひとつの大きな特徴は、民間の自主的な活動だということです。日本であれば、行政が地域に呼びかけることが多いのですが、ＤＡＡはあくまで自主的なもので、参加したい組織が参加するという形をとっています。英国アルツハイマー病協会のコーディネーターなどが、ＤＡＡの必要性を地域の各所で説明して回り、賛同する人たちが参加するという仕組みです。行政もメンバーの一員として参加しますが、ＤＡＡ自体は参加者の自主的な運営に委ねられています。

あくまで自主的な活動なので、地域によって幅広い業種が参加しているところもあれば、医療福祉業界に偏っているところもあります。活動が非常に盛んな地域もあれば、そうでない地域もあります。

しかし、もともと、活動やネットワークがほとんど何もなかった状態から、わずか五年で、地域活動の基礎となるネットワークが全国に広がったことは、注目に値するのではないかと思

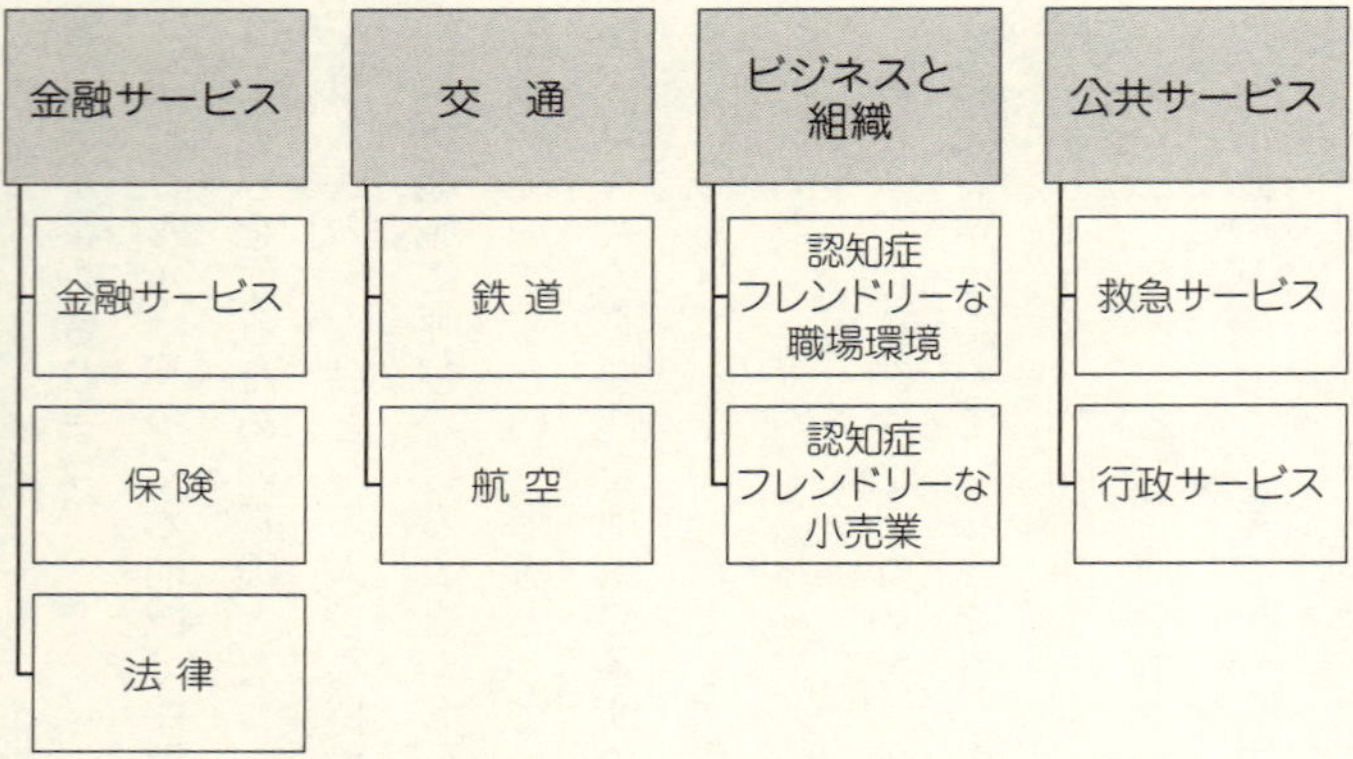

検討グループ

います。

業種やテーマごとの活動

もうひとつのアプローチが、業種やテーマごとによるものです。認知症の人や家族が生活上の課題に直面したとき、地域のなかで対応できることもありますが、地域を超えた全国的な企業のシステムや業務マニュアルなどに起因していて、地域内だけでは対応できないということもあります。私たちの生活は、目に見えない仕組みや複雑なシステムによって成り立っており、その部分の改善は地域の人たちが話し合うだけでは十分ではありません。

英国では、こうした課題を取り扱うために、首相直轄のグループが二〇作られました（図8の白い四角

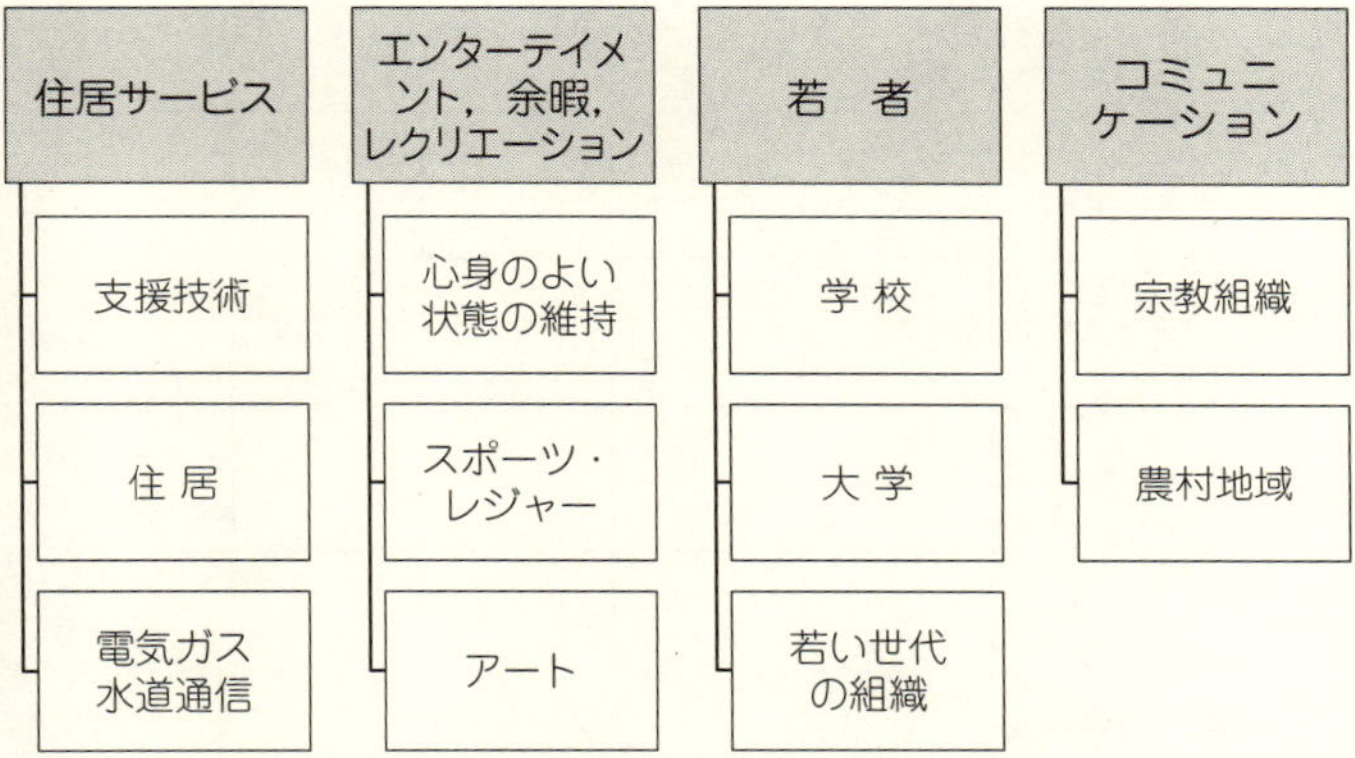

出典：Alzheimer's Society による資料（著者訳）

図8　首相直轄の業種ごとの

の部分）。

　これらは、金融や交通、住居、余暇やレクリエーションなどといった幅広い領域を網羅しています。ひとつひとつのテーマごとに、企業の関係者、専門家、当事者などが集まり、どのような課題があるのか、どのような対策が必要なのかが議論され、報告書が作られています。

　もちろん日本も含め他の国々でも、図8にあるようなテーマは、個別に活動はなされてきています。しかし、二〇一二年から始まった英国の地域ごとの活動と業種ごとの活動を並行させる戦略は、認知症フレンドリー社会のあるべき構造を示した点で、画期的なものでした。

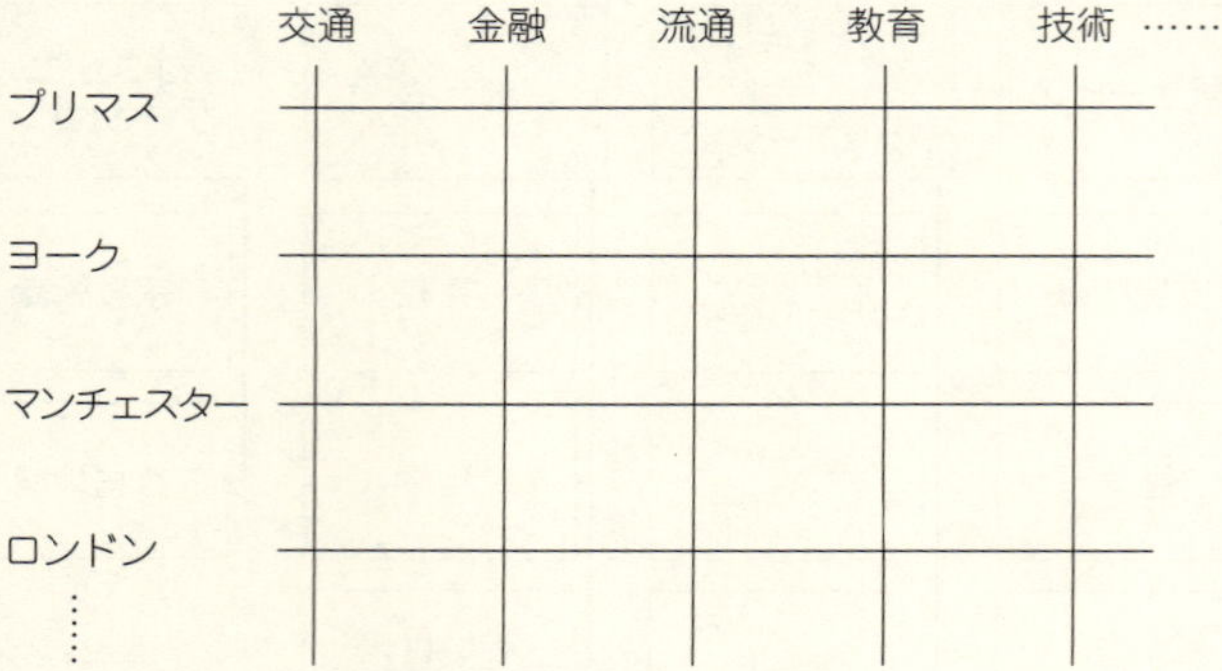

出典：著者作成

図9　認知症フレンドリー社会の構造

縦糸と横糸

　構造を図式化すると図9のようなものになります。地域ごとの活動は、横糸であり、業種やテーマごとの活動は、縦糸です。

　例えば、プリマス市という横糸で見ると、日常の生活には、交通、金融、流通などさまざまな業種やテーマが関係していることがわかります。一方で、交通という縦糸で見ると、プリマス市というひとつの地域に留まらず、ヨーク市、マンチェスター市、ロンドン市などの地域を超えた動きが見えてきます。

　こうした構造を意識しないと、認知症の人や家族の体験した困りごとがあっても、実際の課題解決までうまくつながりません。

　銀行のＡＴＭのケースで考えてみましょう。

ＡＴＭの操作がむずかしく、生活が困難になっていることを、周囲の人が気づいたとします。その場で気づけば、知人や銀行の行員であればＡＴＭの操作を手伝い、その一回はお金をおろすことができるかもしれません。しかし、その人のこれからの暮らしを考えると、毎回偶然のサポートに頼るわけにもいきません。

本来であれば、ＡＴＭの仕様が高齢者や認知症の人に使いやすいものになるとか、銀行側の運営上、サポートが必要な顧客がどのようにするとサポートを受けることができるのかを明らかにするなど、マニュアルの改善が必要かもしれません。

しかし、地域のなかだけで考えようとすると、できることが、支店単位で可能なこと、システムやマニュアルによらない現場での創意工夫的なものに限られてしまいます。こうした課題に強い関心を持つ支店であれば、それでもよいかもしれませんが、そうでない支店では同じようなサービスを受けることができません。

これまで認知症フレンドリーな環境を作ろうという試みは、こうした事情から、特別な予算を必要としない善意や熱意を前提としたものになる傾向がありました。

ここに、業種やテーマごとの視点が入ってくると、できることは大きく広がります。ＡＴＭ

の操作に困難を感じている顧客には、どのようなサービスを提供できるのか、企業全体で考えることで、新たなサービスをつくることやマニュアルの改善につながります。

例えば後で紹介する、プリマス市のバス会社で始めたヘルプカードの活動は、英国の他の地域でもできることなので、交通業界全体に展開可能です。交通業界の接客マニュアルなどが、改善されていくかもしれません。

ひとつのケースだけではなく、全国的な状況も調べることで、企業として投資するに値するのか費用対効果の視点も入ります。もしそれが費用にみあうものであれば、全国にそうした仕組みが広がるのです。ただ、企業だけではどのように課題を解決するとよいのかわからないケースも多く、地域ごとの活動をしている人々、課題に一番近い当事者との連携が不可欠です。

認知症フレンドリー社会への道のりは、こうした縦糸と横糸をいったりきたりしながら、認知症という現象へ対応した社会をつくっていく必要があるのではないかと考えています。

プリマス市 認知症フレンドリーコミュニティのモデル

地域ごとの活動を、詳しくみていきます。

さきほども出てきたプリマス市は、人口二六万の都市です。メイフラワー号が出発した港としても知られ、その到着地である米国のマサチューセッツ州にも同じ名前の町があります。現在は、英国有数の港湾都市として、また海軍の重要な軍港として知られています。

この市で認知症に関する活動が本格的に始まったのは、二〇一一年のことです。英国全体で本格的な対策が始まる少し前からおこなわれていて、認知症フレンドリーコミュニティの先進的なモデルとなった地域のひとつです。

プリマス認知症アクション連盟は、二〇一一年に設立されました。当初は一〇に満たない数の団体の参加でしたが、二〇一八年現在、九〇を超える団体が加盟しています。毎年開催されるプリマスの認知症フレンドリーコミュニティに関する会議には、プリマス市内の関係者だけではなく、ヨーロッパ各国、日本や中国などからも関係者が参加します。

プリマスのDAAには、なぜこのような多くの団体が加盟しているのでしょうか。図書館やバス会社といった組織は、具体的にどのような役割を果たしているのでしょうか。二〇一四年に、日本の自治体や企業の人たちと、私はプリマス市を訪れ、関係者にお話を聞くことができました。

一冊の本が人生を変える　図書館の役割

プリマス市の図書館では、わかりやすい場所に認知症の本のコーナーを設け、認知症と診断された本人や家族が、病気や暮らしについて理解するのを手助けしています。

認知症と診断された人や家族の多くは、認知症とはどのような病気なのか、これからの暮らしはどのようなものになるのかをインターネットや書籍などで調べます。インターネットにも多くの情報がありますが、あまりにも膨大なため、適切な情報にたどり着くのがむずかしいこともあります。また、現在の高齢者の世代では、インターネットよりも書籍で調べものをするのに慣れている人も多くいます。図書館は、そうした人にとって、適切な情報にめぐりあうための場になるのではないかという発想です。

この図書館でも、以前から地元の高齢者が訪れ、認知症に関する書籍を探すことがありました。しかし、認知症に関する書籍は、医学やケア、健康、闘病記などエッセイと、複数の分類にまたがって置いてあり、なかなかうまく探せないという声がありました。

そうした状況を知った地元の司書の人たちのアイデアで、認知症に関係する本をひとつの場

プリマス市中央図書館の認知症のコーナー
（2014 年当時，著者撮影）

所に集めました。しかも、認知症の人や高齢者でもわかりやすいように、目立つ場所にコーナーを設けたのです。

一般に、認知症の人や家族への情報提供というと、役所や病院などでされるものというイメージを持たれています。しかしこの図書館のことを知って、自分で知りたいことを自分で調べることができる図書館は、認知症フレンドリーコミュニティの不可欠な要素であると感じました。

認知症に関しては、医学やケアに関する本も重要ですが、認知症となった人の体験が書かれた本との出会いも非常に重要です。日本でも、認知症になった人の話を聞くと、最初はショックを受けたが、認知症の当事者の講演を聞いたり、体験を綴った書籍を読んだことが、その後の生き方を考える大きな転換点になったと話されています。一冊の本が、認知症の人や家族のその後の人生や暮らしを変える。そうした出会いを、図書館が支援しているのです。

この図書館では、認知症の人が参加できる読書会も開いています。選ばれる書籍は、認知症に関係したものもありますが、認知症に関係しないものもあり、また誰でも参加することができます。

当然のことですが、認知症の人が認知症に関係する本だけを読みたいとは限りません。小説が読みたい人もいれば、社会に関する本、趣味や芸術に関する本が読みたい人もいます。認知症の人のためだけの読書会ではなく、認知症の人も参加できる読書会というのが、大事なポイントです。

もともと読書が好きな人にとっては、読書を通じて地域の人々とつながりを保つ場所になります。また、認知症のことを特に知りたいという人にとっては、誰か他の人の経験を聞いたり、周囲の人と対話をする場にもなります。これも本を通じて、つながりを作る、図書館ならではの機能です。

プリマス市の図書館は、その後、建物の移設などで閉架図書が中心となったため、認知症の特集コーナー自体は現在は見ることはできません。しかし図書館が主催する認知症カフェなど、形を変えて、図書館ならではの活動が続いています。

余談になりますが、二〇一四年にこの図書館の視察で得た情報がもとになり、日本でも第5章で述べるように、認知症フレンドリーな図書館が広がるようになりました。

バスのヘルプカード（著者撮影）

バスの運転手が考えたヘルプカード

プリマス市営バスの活動も、非常にユニークです。写真は、ヘルプカードというものです。これは折りたたみ式になっていて、バスの利用に不安がある乗客がこのカードにあらかじめメッセージを書き、バスを利用する際に開いて運転手に見せる仕組みになっています。カードには、降りるバス停の名前と、着いたら声をかけてほしいといったメッセージが書かれています。認知症の人だけでなく、視力や聴力が十分でない人などもこのカードを利用できるようになっています。

このカードを考えたのは、バス会社に勤める運転手でした。バスの運転をしていると、時折、目的地のバス停を乗り過ごしてしまう高齢者に出会いました。目的地を過ぎてしまったことに気づき、どうすればよいのかわからず戸惑っているようだけれど、運転中にくわしく事情を聞くわけにもいかない。時には、その高齢者は終点まで行き、再び折り返すこともありました。運転手としての自分にできることは何だろうかと考えた結果、思いついたのがヘルプカードでした。

バスに乗るたびに、認知症であることなどを口で伝えることに抵抗がある人は多いけれど、折りたたみ式のカードをさっと見せるだけならば、抵抗感も少ないのではないか。この提案に、バス会社も賛同し、バスの運転手への認知症に関する研修を実施。ヘルプカードを希望者に配布することにしました。

もちろん、こうしたアイデアだけで、すべての認知症の人がバスに乗れるようになるわけではありません。しかし、目的のバス停がわからなくなってしまうなど、ひとつの体験がきっかけになって、外出自体を減らしてしまう認知症の人は少なくないのです。

そのため、このヘルプカードは、今まで利用していた移動手段を、この先も長く利用するための工夫ではないかと思います。また、バス会社として、こうした活動をしていること自体が、認知症の人や家族にも、バスをぜひ利用してほしいというメッセージにもなります。

そしてこのようなアイデアが、医療やケアの専門家ではなく、現場のバスの運転手からでてきたことは、まだほかの多くの領域でできることがある、ということを示唆《しさ》しています。

地域ぐるみで考える意味

プリマスのＤＡＡは、図書館やバス会社をはじめ九〇以上の団体で構成されていて、大きな組織のようにも見えますが、実はそれほど多くのことをしているわけではありません。定期的に会合を開き、それぞれが何をしているのか、次の目標は何かなどを確認するのが主な活動です。

参加している団体は、それぞれが自主的に目標を立て、自分たちにできることを実践し、報告しています。もともと自主的に何かをしようと思って参加しているので、無理に何かに協力してもらったりとか、ノルマのようなものがあったりとかもありません。会合に参加するのも団体の代表者ではなく、実務を担っている人になります。

ＤＡＡの会合は、このように非常に実践的で建設的です。

他の地域のＤＡＡの会合に参加していたときに、こんなことがありました。

参加者のなかに、犯罪被害を防止する行政担当者がいました。その人から、高齢者、特に認知症の人を訪問することによる詐欺被害が増えているので、対策を急ぎ立てたいという相談が会合の場にありました。会合に参加していたソーシャルワーカーからは、詐欺被害を未然に防いだ実例の報告があり、高齢者関係の団体からは、会員の連絡網で詐欺被害について注意喚起する連絡を入れたいという提案がありました。行政や警察では把握していない具体的な対応例の情報や、リスクの高い人たちへの連絡ルートを他の団体が持っており、地域ぐるみで協力することで、迅速に有効な対策を立てることができたのでした。

これは犯罪被害に限りません。認知症の人や家族が直面している生活の課題を、ひとつの組織だけで解決できるのは、むしろ稀です。

何かイベントを計画して、みんなで集まろうと思えば、移動や交通手段の問題がでてきます。交通機関や移動をサポートする活動をしている人との連携が必要になります。

また認知症の人が関係する火災や事故を減らそうとしたときには、消防や救急の人たちは、事故が起こってからでしか対応できませんが、高齢者団体や趣味サークルの人たちは、事故を起こさないための情報を、ひとりひとりに知らせることができます。認知症フレンドリーコミュニティを作っていくためには、地域ぐるみでさまざまな業種で考えることが不可欠なのです。

どのように始めたのか

日本にも、認知症フレンドリーな環境づくりをする団体や個人は多くいますが、ＤＡＡのように地域の単位でまとまり、ゆるやかな目標共有や協働をするケースは非常に稀です。

日本の場合、公共の課題を担うのは行政だ、という意識が強く、こうした協議体も行政が事務局になっています。行政としては、地域の権威ある人を公平に入れないといけないという背景から、医療福祉関係の代表者を入れた協議会などを開催しますが、そこに当事者や家族が参加していることは少なく、さらには、それ以外のセクター(業種や立場)が入っているケースはほとんどありません。

ＤＡＡのように、多様なセクターが入り、認知症の課題を核とした公共の課題を考える場が必要ですが、行政主導ではむずかしいのが現状です。

では、どうすれば、ＤＡＡのような地域ぐるみの動きが起こせるのでしょうか。

イアン・シェリフさん（本人提供）

プリマス市でＤＡＡ立ち上げのきっかけをつくったのは、プリマス大学のイアン・シェリフさんでした。

シェリフさんは、長年航空業界で働いた後、ケースワーカーに転身し、その後、プリマス大学に招かれ、認知症研究に携わってきました。そして国のレベルでの認知症フレンドリー社会を作るための会議に参加した際に、地元でも具体的に行動をしないといけないと感じたそうです。その時点では特に予算がなかったものの、二〇一一年五月にプリマスにみずからＤＡＡを立ち上げました。

まず、はじめにしたのは、関係者とビジョンを共有することでした。市内の企業や機関など八〇以上の組織に、シェリフさんたちが考える活動への協力を呼びかけました。最初は、認知症というテーマと自分たちは、どのようにかかわりがあるのか、ピンとこない人もいたそうです。しかし市内に住む認知症の人たちがどのような暮らしをしているのか、どのようなことに困っているのかを説明するなかで、多くの人たちが自分たちにも関係することであると理解し、共感してくれるようになりました。

賛同してくれた人や機関には、ＤＡＡに入ってもらい、理念だけでなく、それぞれが具体的にどのような行動をするか、自分たちで考えてもらうようにしました。専門家が決めたことをみんなにやってもらうのではなく、それぞれが目標を設定し、翌年にどれだけできたかを確認することにしたのです。

それぞれの団体や個人の活動自体は自発的で無償ですが、活動を継続し、発展させていくには、ある程度の予算も必要です。シェリフさんたちは、市に働きかけ、活動を支えるスタッフの人件費を確保してもらうことにしました。スタッフは、市内のさまざまな団体や機関に対して、ＤＡＡのメンバーとして参加してもらえるよう呼びかける役割も果たしています。

熱意ある人の呼びかけから活動がスタートしている点は、日本の先進的なまちづくりと共通するところはありますが、活動の基盤を支えるスタッフの人件費が確保されている点や、それぞれ加盟している組織が自分たちで目標を設定できるという点は、非常に参考になるのではないかと思います。

金融サービス憲章

地域ごとの活動と並行して、二〇のグループにわかれて進められている業種やテーマごとの活動では、対策をまとめたものや先進事例などを紹介する報告書が順次出されています。こうしたテーマのなかでいち早く報告書が出されたのが、金融に関するものです。

金融サービスと認知症には、多くの接点があります。暗証番号を忘れてしまったり、通帳をなくしてしまった場合どのように対応するのか、ＡＴＭなどの操作や窓口の手続きでの認知症の人への接客、金融商品の営業や契約に関するトラブル、詐欺被害や財産の保護などです。

英国アルツハイマー病協会の調査でも、金融サービスを利用する際に、認知症の人や家族が困難に直面していることが明らかになってきています。この報告書では、英国の主要な金融機関が数多く参加し、それぞれの分野で、どのような考えに基づき、どのようなことが実施可能なのかを紹介しています。

そして認知症の人が金融サービスを利用しようとした際に、どの程度困難を感じているのかが紹介されています。七割以上の認知症の人が銀行を利用する際に何らかの困難を感じており、六割を超える人がサポートを必要としています。八割の介護者が、認知症の人と銀行とのやりとりをサポートしていますが、正式な後見人でない場合、銀行から断られてしまいます。

報告書では、認知症の人が、認知症であることをどの程度開示してくれるかにより、どのような対応が可能なのかを例としてあげています。

「認知症フレンドリーな金融サービス」報告書(Alzheimer's Society)

例えば、顧客Aは、認知症であることを金融機関側に開示しており、金融機関のなかで担当者以外にもその情報が共有されています。顧客Bは、認知症であることは担当者だけには伝えていますが、その情報は他には伝えないよう希望しています。顧客Cは、認知症であることを明かしていない場合です。そして、それぞれに提供することが

	A	B	C
一部の商品がお客様に不適切であることを全スタッフが理解している	○	×	×
PIN やパスワードに代わるセキュリティ策を提供する	○	×	×
認知症のお客様および、その介護者専用の商品・サービスを提供する	○	担当者に限定	×
口座からの不要な引き出しや運用方針の修正などの不適切な行動の可能性を抑える	○	担当者に限定	×
第三者からの金融被害や犯罪に対して警戒を強化する	○	担当者に限定	×

出典：Alzheimer's Society, "Dementia-friendly financial services"
（訳：国際大学グローバル・コミュニケーション・センター）
顧客 A　認知症であることを全従業員が共有
顧客 B　認知症であることを担当者のみが知っている
顧客 C　認知症であることを伝えていない

図 10　認知症であることを開示する度合いに応じて提供可能なサポート例

可能なサポートが例示されています（図10）。

Cの場合、金融機関としてできることは多くありません。Bのように担当者だけに開示している場合にも、担当者が犯罪の被害や不必要な引き出しなどに備えることはできますが、動きが限定的なものになります。

Aの場合は、パスワードなどに代わる本人確認の方法を提案したり、その人に勧めることが適切ではない金融商品を提案してしまうのを防ぐことができます。

実際には、認知症の状態などによってもケースは増えると思いますが、こうしたケースごとに金融機関として何ができるのかを整理し、担当者の個別の判断やサポートを超えて、できることがまとめられています。

この報告書は、単なる理解や啓発に留まらず、業務フローに踏み込んで、認知症の人や家族への対応を整理した点が優れています。ここに書いてあることすべてを金融機関が実践する義務があるわけではありませんし、実際には、金融機関によって進み具合や熱意はばらつきがあるようです。しかし、やるべきことの領域と実際にできることがリストアップされているため、中長期的には対応が進んでいくものと思われます。

認知症フレンドリーな空港

プリマス市のバスは、地域のなかに限定されていましたが、地域を超えた交通機関でも、新たな動きがあります。

二〇一八年に英国民間航空局から出された報告書があります。タイトルは、「Supporting people with hidden disabilities at UK airports（英国の空港における見た目ではわからない障害がある人々への支援）」。認知症だけではなく、見ただけではわからない障害のある人々に対して空港ができることをまとめています。職員に対する研修、障害のある人の優先レーンの設置など従来からやっていることに加えて、新しいものが紹介されています。

例えば、障害があるかどうかがわかるように、専用のストラップを希望する人に配布してつけてもらい、優先レーンや接客に役立てたり、認知症の人などが落ち着いて過ごせるように静かな部屋を用意したりしています。

また空港内の標識や空間のデザインを、よりわかりやすいものに変更したりもしています。認知症の人のなかには、トイレやベンチなどの立体の構造物が識別しにくい人がいます。そうした人にもトイレやベンチであることがしっかりとわかるように、座面と背面で色をわけることなどをしています。

認知症関連の団体や障害者の団体が、空港を利用するツアーなどをおこなって、どのように改善したらいいかについて助言をしている場合もあります。報告書の巻末には、どの空港で、どのようなサービスがあるかのリストがあり、空港を利用する予定の人が事前に知ることができるようになっています。

空港は、外国人など初めて利用する人も多く、また他の交通機関に比べると多様な人々が利用しており、以前からユニバーサルなデザインや対応が求められてきました。身体障害などについては対策が進められてきましたが、見た目だけではわかりにくい障害については、どの人がそうであるかがわかりづらく、対応が進んでいませんでした。ストラップの導入など、ニーズを持つ人が申告することで、職員も対応しやすくなり、空港がより利用しやすくなるものと思われます。

イングランドの北部、ヨーク市にある鉄道のヨーク駅でも、認知症の人向けに標識を改善したり、認知症の人が休憩できるスペースの設置がされています。また、認知症の人や家族による鉄道を利用したモニターツアーなどがおこなわれています。ツアーの結果を活かして、駅や鉄道を利用しやすいものにしようと改善を継続しています。

スーパーマーケットも

生活に密着した産業で忘れてはならないのが、スーパーマーケットなどの小売業です。日本でも認知症の人に話を聞くと、買い物をするときに、どこにどの商品があるのかわからなくなる、大きな店では店内で迷う、精算をする際にお金の計算に時間がかかってしまうなどの課題が出されました。

ロンドンの生協の入口に貼ってある認知症フレンドリーのポスター（著者撮影）

英国で認知症の人をサポートする活動がスタートした店舗を、実際に訪ねてみました。訪れたのは、ロンドン市のカムデン地区にある生協です。カムデン地区は、ロンドンの中心部にある人口二五万人の地区で、ここにあるケンティッシュタウン生協は、二〇一七年から認知症フレンドリーな店をめざしています。

具体的には、従業員が認知症に関する一時間の研修を受けて、店内で困ったことがあった人がいた場合は、ゆっくりと時間をかけて対応すること、入り口に認知症フレンドリーなお店であると掲示すること、出口がわかりやすいように目立つ表示をすること、などです。以前、床に敷いていたマットが、時として穴のように見える人がいるということから、マットを撤去したことなども店長とチームリーダーの人が説明してくれました。

店長や従業員の人たちが、非常に信念を持って活動している雰囲気が感じられ、昼間の忙しい時間帯にお邪魔しましたが、一時間半、じっくり話してくださいました。店長の父親も認知症だということで、もし自分の家族に認知症があり、買い物をしようとした場合に、こんなことに困るであろうということを、意識しているそうです。活動を始めて、利用する人が増えたかどうかの明確なデータはないけれど、お客さんのためによいことをやれば、お客さんは増えていくと信じていると話していました。

生協では、こうした店舗での経験を踏まえて、全国にある三〇〇〇店舗にも同様の活動を展開していく予定です。

セインズベリーズという大手スーパーマーケットのチェーン店では、定期的に「スローショッピングの日」を開催しています。その日には、認知症の人や高齢者が利用しやすいような工夫をしているのです。

例えば、店内のＢＧＭを切って静かに買い物ができるような環境をつくったり、レジでは誰にも気兼ねなく時間をかけて支払いができるようにスローレーンを設置したりしています。スローショッピングの日を始めてみると、これまであまり利用しなかったお客さんも来るようになり、売上もあがったという報告もされています。

業種やテーマ別に課題やできることを整理することは、地域のなかだけでは解決がむずかしい仕組みや構造に手をつけるきっかけにもなります。企業にとって、費用対効果として見合うことであれば、ひとつの地域での実践が全国に広がります。

英国の認知症フレンドリー社会へ向けた縦糸と横糸は、お互いを行ったり来たりしながら、ひとつの面を作り上げていっているのです。

スコットランド　認知症の人が参画する

同じ英国でも、スコットランドでは、少し違う角度から認知症フレンドリー社会の実現が模索されています。この章の最後に、認知症の人の参画という視点からスコットランドの挑戦を紹介したいと思います。

スコットランドは、英国のなかのもうひとつの国という雰囲気があります。イングランドを中心とした英国アルツハイマー病協会ではなく、スコットランド・アルツハイマー病協会という別の組織があり、スコットランドの地方政府とともに認知症に関する政策づくりや活動をしています。

スコットランドの特徴は、認知症政策を決めるときに、認知症の人たち自身が必ず関与していることです。

ここには、認知症の人たちにより組織された、スコットランド認知症ワーキンググループという団体があります。この団体が掲げているのは、「私たちのことを私たち抜きで決めないで」というメッセージです。スコットランドの地方政府が認知症について何らかの政策を打ち出す際には、必ず、このワーキンググループが入って検討がなされることになっています。

考えてみれば当たり前のことのようにも思えますが、ほとんどの国では政策によって最も影響を受ける認知症の当事者が入らずに、専門家、サービス提供者、研究者などが政策を決めてきました。これまで紹介してきた英国アルツハイマー病協会の事業にも、もちろん当事者が入っており、どのような困りごとがあったのか、どのようなニーズがあるのかを聞き取るところからスタートしている点では共通しています。

しかし、英国アルツハイマー病協会の場合、必要に応じて参画するのに対し、スコットランドの場合、政策を形成する過程に必ず参画しており、それが権利であるとされている点で、より踏み込んでいると言えます。今後は、政策だけでなく、商品やサービスの開発がなされる過程でも、認知症の人の参画が必須となり、市民や消費者としての当然の権利であるという認識が、さらに広まってくるかもしれません。

5.

日本の挑戦

日本の認知症フレンドリーコミュニティの現状は、どのようになっているのでしょうか。英国での動きが二〇一〇年代に本格化したのに対して、日本の動きはそれより早く、二〇〇四年ごろからスタートしています。世界のなかでも地域に着目した活動が早くから始まった国のひとつと言ってよいと思います。

地域により、歴史や内容には差がありますが、認知症フレンドリーコミュニティをめざし、活動を続けている先進的なところがあります。この章では、まず日本の認知症フレンドリーコミュニティの代表例を、いくつか紹介していきたいと思います。

福岡県大牟田市　まちが変わると退院できる人が増えた

福岡県大牟田《おおむ》市《た》は、日本の認知症フレンドリーコミュニティを語る際にはずすことができない地域のひとつです。大牟田市の人口は一一万。かつては炭鉱の町として栄え、昭和三〇年代には人口は二〇万を超えていました。その後、鉱山が閉鎖され、人口も減少し、高齢化率は三五・七％（二〇一八年四月）です。

日本全国の平均よりもはるかに速いペースで超高齢社会を迎えた大牟田では、高齢者の問題に早くから危機感を持ってきました。そこで二〇〇二年ごろから、行政と介護職の人たちが中心となって、地域内の介護施設での認知症ケアの質の向上と、認知症の人が安心して外出できる環境づくりに力を入れてきました。

地域全体を巻き込むために、とりわけ力を入れているのが、認知症ＳＯＳネットワーク模擬訓練です。認知症の人が外出した際に、もし道に迷ったり、お金の支払いに困っても、周囲の人が対応できるようにしようという考えのもと、認知症の人役がまちを歩き回り、地域の参加者が声をかけたりサポートしたりするというものです。訓練は、中学校区の単位で開催され、地元の人たちが中心となって企画・実施されています。

大牟田市の白川小学校校区にある白川病院でソーシャルワーカーをしている猿渡進平さんは、この模擬訓練の初期から中心的にかかわってきました。

訓練をはじめた当初、地域の人の理解はほとんど得られませんでした。「認知症のある人は病院や介護施設で面倒をみればいいのではないか」「なぜ地域の私たちがそうした人の面倒をみないといけないのか」。地域の人たちからは、懐疑的な反応が返ってきたそうです。

この校区で最初に開催した年は、校区人口およそ七五〇〇人に対して参加者はわずか九名でした。しかし猿渡さんたちは、認知症の人たちも地域の人の理解や支えがあれば、病院や介護施設ではなく、自宅で生活が可能になることを具体的なエピソードとともに伝えていきました。「最初は認知症と聞くと、自分とは関係ないことと思っていた人たちも、具体的な話を聞くと、うちのおじいちゃん、おばあちゃんもそうだと共感してくれるようになり、地域の側でできることがあると感じてもらえるようになっていきました」

しだいに、自治会組織や学校、商店の関係者などに理解してくれる人が増えていきました。参加者は年々増え、今では、自治会組織みずからが主催して、模擬訓練が開催され、子どもから働き盛りの世代、そして高齢者まで幅広く参加するようになりました。

現在、この訓練は大牟田市のすべての校区に広がり、国内外から視察が訪れるようになっています。こうした模擬訓練は現在、国内およそ二〇〇の市区町村で実施されています。

大牟田市の活動を象徴する短い動画があります。

主人公は、市内に住む八〇代の女性で、一人暮らしをしています。認知症の症状がでるようになって、道に迷ったり、お金を支払うのに時間がかかるようになりました。時には行方不明になってしまうこともあり、他の町であれば、もしかすると施設に入ることを勧められるかも

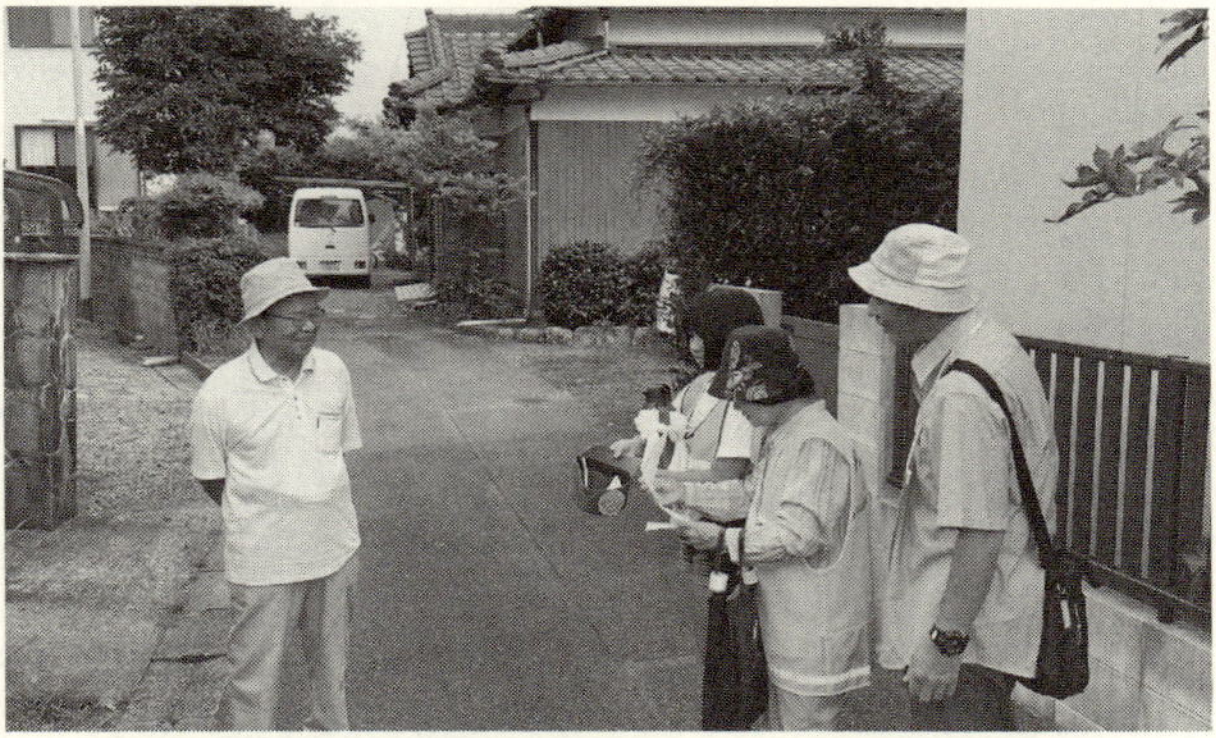

大牟田市の認知症 SOS ネットワーク模擬訓練
（提供：NPO 法人しらかわの会）

しれない状況です。しかし、大牟田では、専門職と生活圏域の人たちが協力して、この女性が地域で暮らせるようにすることにしました。

動画には、この女性をとりまく地域の人たちが短く紹介されていきます。信用金庫では、何度も通帳を無くしてしまっても、この女性がお金をおろせるように、丁寧に支援することにしました。この女性が散歩や買い物に行く途中にあるコンビニでは、店外に椅子を出し、その女性が休憩できるようにしました。

行きつけのスーパーマーケットでは、女性がもし財布を忘れても、次回の支払いの時にまとめて支払えばいいですよという対応をするようにしました。この女性は、すでに亡くなった夫のために食事を作

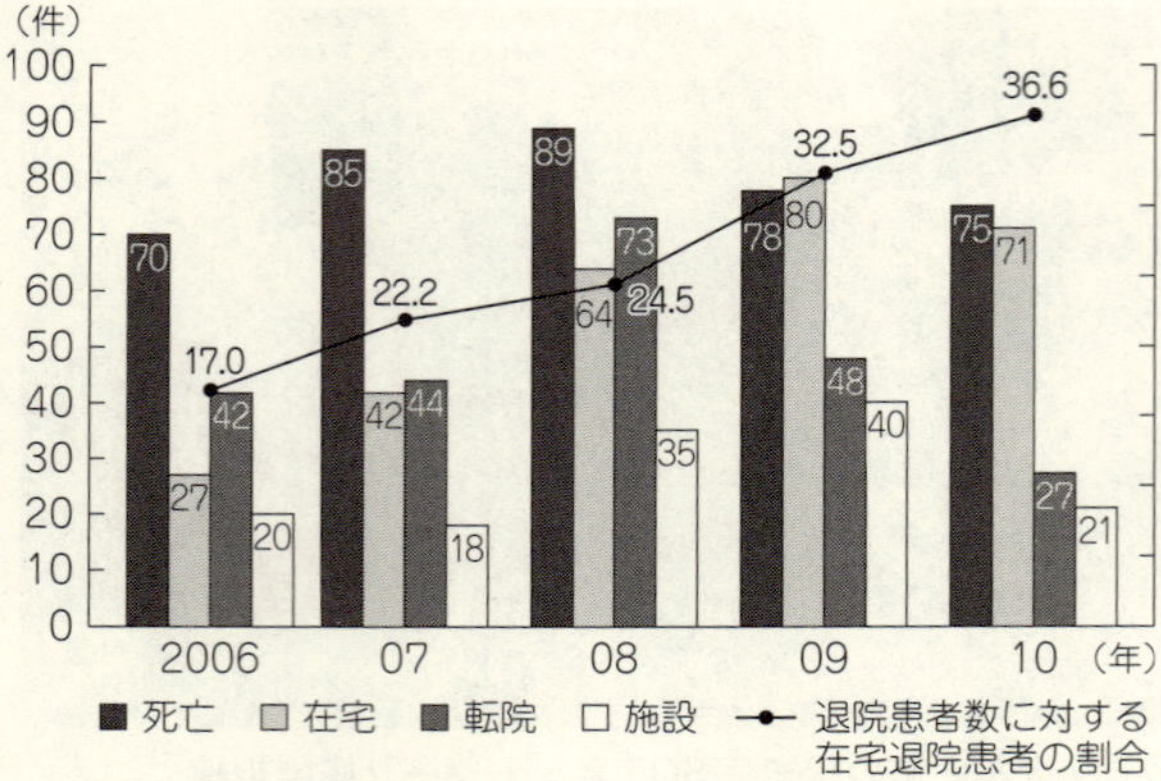

注：図の「死亡」とは病院で亡くなること，「在宅」とは在宅に復帰したこと，「転院」とは他の病院に移ったこと，「施設」とはほかの介護施設に移ったこと

出典：医療法人静光園白川病院資料，提供：猿渡進平氏

図 11　大牟田市白川病院　在宅復帰率

ろうと思い、スーパーに買い物に出かけます。地域の人たちは、この女性がそうした想いで暮らしていることと認知症の症状があることを知って、できる範囲でサポートをしているのです。

図11は、大牟田市の白川病院の在宅復帰率を示しています。この病院は療養型で、病状が安定した患者が長期で療養しています。入院している人の平均年齢は八〇歳を超えており、多くの人が認知症です。

模擬訓練など、まちづくりの活動を始めて以降、この病院では五年間で退院する人が二倍以上に増えました。今まで、地域で暮らすのがむずかしいと判断されて、「社会的入院」をしていた人たちが、地域が変わることで、地域に帰ることができるようになったのです。

認知症が直面していることは、単なる病気や治療のあり方だけではなく、地域のあり方でもあることがよくわかるデータです。

静岡県富士宮市　認知症の人の声からはじまるまちづくり

静岡県富士宮市は、認知症の人や家族といっしょになってまちづくりを進めてきたことで知られています。富士宮市は、人口一三万。富士山の麓に位置し、浅間《せんげん》大社があります。富士山が世界遺産に指定されてからは、外国人観光客も多く訪れるようになりました。このまちで、認知症の人たちがまちづくりに参加するようになったのは、二〇〇八年からです。

富士宮での活動が始まったのは、市役所の窓口を、認知症と診断された、ある男性が訪れたことがきっかけでした。男性の名前は、佐野光孝さん。会社員として営業の仕事を長年してきましたが、仕事上の予定を忘れることが多く、会社の勧めで病院を受診。五八歳でアルツハイマー型認知症と診断されました。それまで会社員として忙しく働いていた佐野さんでしたが、診断後、会社を退職。日中することもなく、家で引きこもる生活をしていました。

この状況をなんとかしたいと、妻の明美さんといっしょに市役所を訪れました。市役所では、介護保険サービスなどが利用できることなどの説明がありましたが、佐野さんは、自分の親の世代といっしょにデイサービスなどに通うことには大きな抵抗がありました。市役所で話を聞いた後、佐野さんは、「自分は認知症になったら、もうおしまいなのか」と感じたそうです。

市役所の介護障害支援課の稲垣康次さんは、佐野さんのことを知り、衝撃を受けました。

「福祉のための制度や介護保険サービス、認知症に関する施策もやってきたのに、目の前の佐野さんの想いには何一つ応えることができない。何のための行政なのだろうか」

稲垣さんが、佐野夫妻に詳しく話を聞いたところ、佐野さんは地域に貢献したり、人に役立つことがしたいということを知りました。佐野さんが人と接する仕事が得意なことを知ると、稲垣さんは市内の各所を回り、佐野さんが働くことができないかという打診をしていきました。その結果、観光案内所で観光ボランティアをしてみないかという話があり、佐野さんは、観光ボランティアとして働くことになりました。

デイサービスは行きたくないと言っていた佐野さんでしたが、この仕事を始めて、表情も明るくなりました。その後、観光案内所の業務変更があり、観光ボランティアの仕事はなくなりましたが、地元の会社で木工作業をしたり、仕事を通じて地域とのかかわりを持ち続けています。

当初、家のなかで引きこもる日々を過ごしていた佐野さんは、仕事を通じて自信を回復していきました。そして稲垣さんの勧めもあり、認知症のある当事者として講演活動をするようになりました。最初は地元での知り合いに向けた講演から始まりましたが、しだいに全国から講演依頼がやってくるようになったそうです。

認知症になってからも、地域の人々と交流し、ボランティアや仕事に打ち込んでいる姿は、全国各地の当事者にも力を与えました。富士宮市では、佐野さんの姿に勇気づけられた市内の認知症の人や家族がしだいに集まるようになり、佐野さんだけではなく、認知症の当事者として講演活動をする人も徐々に増えてきています。

当事者が役割をもって

認知症に関する活動や行政の事業をする際に、富士宮市では、認知症の人たちが大きな役割

認知症の人によるソフトボール大会（富士宮市，著者撮影）

を果たしています。

例えば、認知症について市民の理解を深めるために実施されている認知症サポーター養成のための講座。他の地域では、この講座の講師は、医療や介護の専門家が務めることが一般的ですが、富士宮市では、そうした専門家だけでなく、認知症の当事者が講師として参加しています。認知症について知る場で、その本人から話を直接に聞けることは、何にもましてよい機会です。

また富士宮市では、認知症の人のための全国ソフトボール大会「Dシリーズ」というイベントが毎年開催されています。このイベントの企画や運営にも、認知症の人が複数かかわっています。

イベントは、認知症の人や家族、支援者が集まり、ソフトボールをするというものです。企画会議では、どうすれば全国から集まった認知症の人たちを元気にすることができるのか、どのような配慮が必要なのかなど、認知症の当事者の視点から具体的な意見が飛び交います。

今、国の方針で、全国の自治体では、認知症の人の声を反映した認知症施策を進めることになっていますが、実際に認知症の人の声を聞き、それを施策に反映していくことは、それほど簡単なことではありません。認知症の人が自身の体験を語ることがむずかしい場合が多いのに加え、認知症であることを周囲の人に明らかにしたり、自分の体験を公にすることに心理的な抵抗があることも一因です。

富士宮市では、一人の認知症の人のニーズを聞き取るところから始まり、それらを解決しようと動くなかで、応援者が増えていきました。複数の認知症の当事者が、自然に地域のさまざまな集まりに参加するようになり、イベントや施策にもそうした声が反映されるようになりました。

施策づくりに、認知症の人が必ず参画するスコットランドのような公式の制度に基づくものではありません。しかし富士宮市では、認知症の人が地域のさまざまな活動に参加するなかで、自然と認知症のことも配慮されるまちになっていくという流れができてきています。

東京都町田市① アイ・ステートメント

ここ数年、特に注目される地域のひとつが、東京都町田市です。

町田市は、人口四三万、東京都の西部にあるベッドタウンです。高齢化率は二六・四％。高齢者の割合としては、日本の平均に近い数字ですが、昭和に開発された団地なども多く、地域によっては、高齢化率がもっと高いところもあります。町田市の特徴は、認知症の人たちの声が施策や活動に活かされている点、そして民間企業を含めて、さまざまなセクター（業種や立場）が認知症フレンドリーコミュニティづくりにたずさわっている点にあります。

町田市で認知症の人の声をもとに、まちづくりをしていこうという動きが始まったのは、二〇一五年からです。行政も、認知症サポーター養成講座などの従来の事業だけでは、認知症の人が地域で暮らすことは困難であるという認識を持っていました。

支援をする側の都合ではなく、認知症の人や家族にとって住みやすい環境をどのように作っていくのか。町田市の高齢者福祉課地域支援係係長（当時）の古川歌子さんは、次のように述べています。

「高齢者福祉課に配属されて間もないころは重度の方たちと接することが多く、何かをやって差し上げなければという思いが強かったです。でも、実際に地域の認知症の方たちのお話を聞くと、認知機能に障害があっても、何かにチャレンジしたいとか、地域や社会に貢献したいという思いを持っている方が多いことに気づきました。何かのサービスを一方的に提供するのではなく、行政も、認知症の人といっしょになって考えていかなければいけないと思うようになりました」

こうしたことを形にしていくため、市役所や医療福祉の関係者、ＮＰＯなどに加え、認知症の人、家族が参加して、まちづくりのワークショップが開かれました。そして認知症と診断されたときの体験やその後の暮らしで感じたこと、どのような場があればつながりやすいのか、などを認知症の人の一人称の体験を通じて、関係者が学んでいきました。ワークショップは、連続で開かれ、コンビニやコーヒーチェーン、郵便局など、まちを構成する企業の人も参加しました。

ワークショップの結果は、まちだアイ・ステートメント（図12）という一六の文にまとめられ

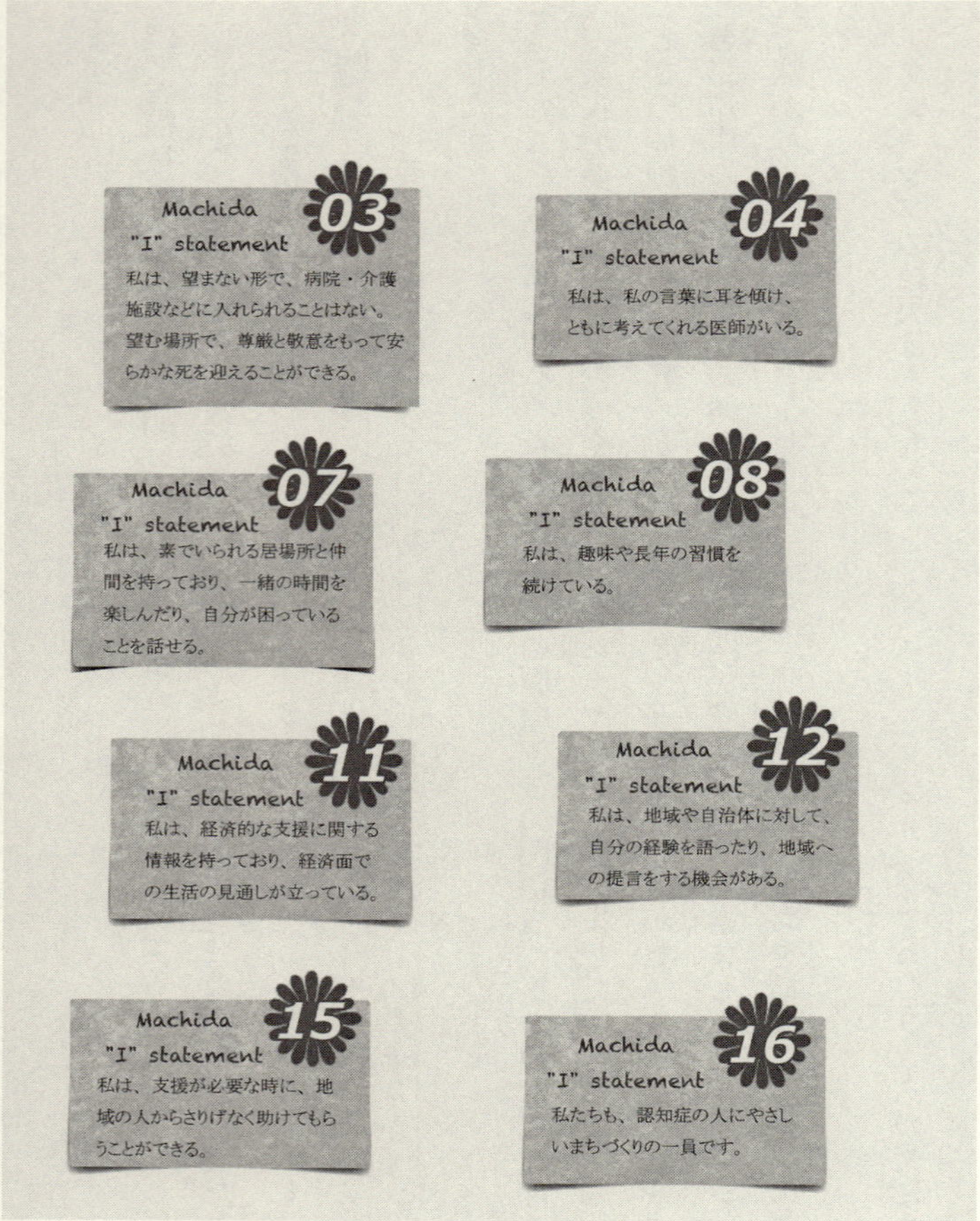
Machida "I" statement 03
私は、望まない形で、病院・介護施設などに入れられることはない。望む場所で、尊厳と敬意をもって安らかな死を迎えることができる。
Machida "I" statement 04
私は、私の言葉に耳を傾け、ともに考えてくれる医師がいる。
Machida "I" statement 07
私は、素でいられる居場所と仲間を持っており、一緒の時間を楽しんだり、自分が困っていることを話せる。
Machida "I" statement 08
私は、趣味や長年の習慣を続けている。
Machida "I" statement 11
私は、経済的な支援に関する情報を持っており、経済面での生活の見通しが立っている。
Machida "I" statement 12
私は、地域や自治体に対して、自分の経験を語ったり、地域への提言をする機会がある。
Machida "I" statement 15
私は、支援が必要な時に、地域の人からさりげなく助けてもらうことができる。
Machida "I" statement 16
私たちも、認知症の人にやさしいまちづくりの一員です。

フレンドリーまちだ』

ステートメント

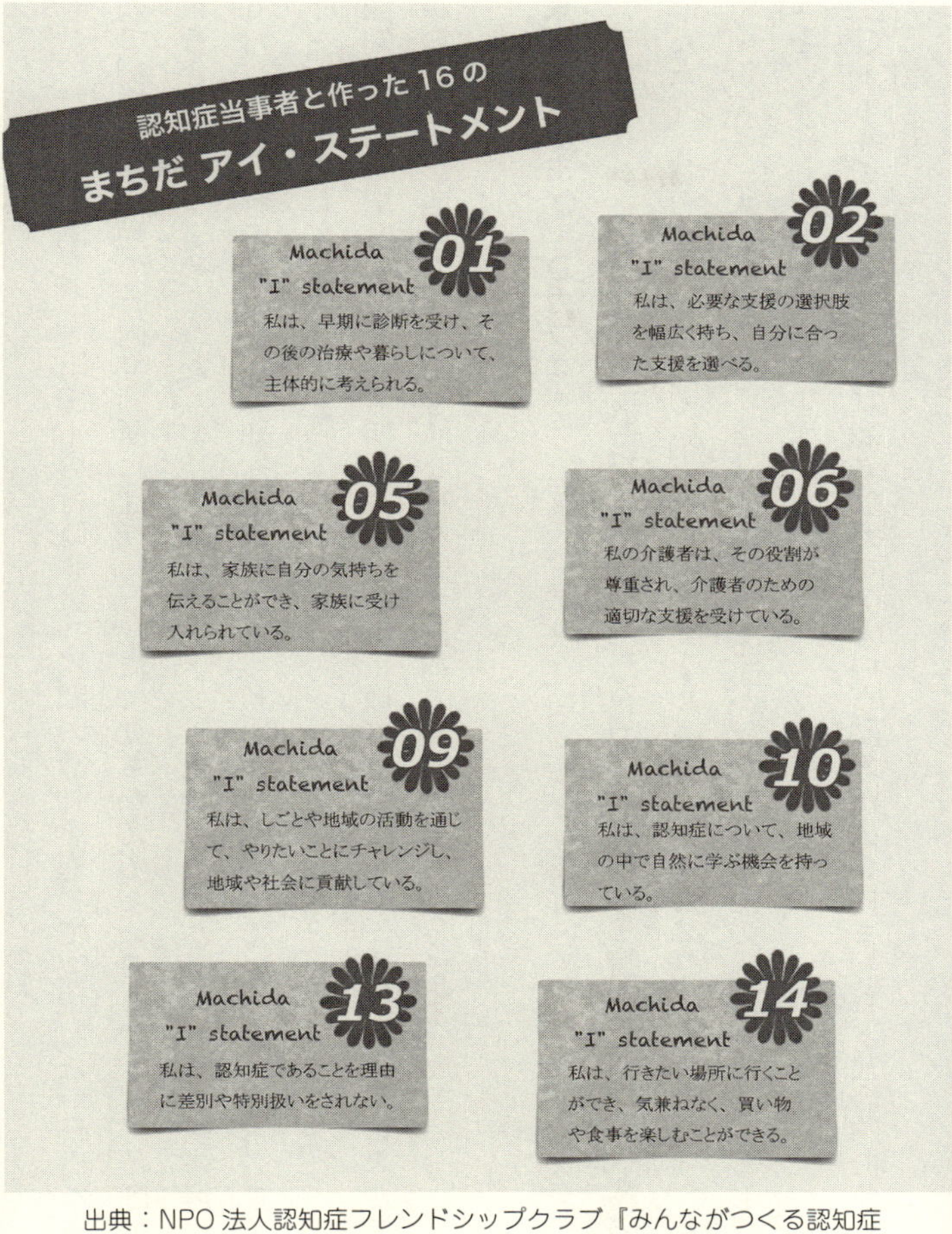
認知症当事者と作った16の
まちだ アイ・ステートメント
Machida "I" statement 01
私は、早期に診断を受け、その後の治療や暮らしについて、主体的に考えられる。
Machida "I" statement 02
私は、必要な支援の選択肢を幅広く持ち、自分に合った支援を選べる。
Machida "I" statement 05
私は、家族に自分の気持ちを伝えることができ、家族に受け入れられている。
Machida "I" statement 06
私の介護者は、その役割が尊重され、介護者のための適切な支援を受けている。
Machida "I" statement 09
私は、しごとや地域の活動を通じて、やりたいことにチャレンジし、地域や社会に貢献している。
Machida "I" statement 10
私は、認知症について、地域の中で自然に学ぶ機会を持っている。
Machida "I" statement 13
私は、認知症であることを理由に差別や特別扱いをされない。
Machida "I" statement 14
私は、行きたい場所に行くことができ、気兼ねなく、買い物や食事を楽しむことができる。

出典：NPO法人認知症フレンドシップクラブ『みんながつくる認知症

図12　まちだアイ・

ました。認知症に関して、町田市の行政施策や民間の活動を通じて実現したい目標をまとめたもので、施策や活動の方向で判断に迷ったときに、立ちかえるためのものです。英国で認知症施策を作る際にまとめられた、アイ・ステートメントというものがあり、それを参考につくりました。それぞれの文章が、認知症の人である「私」から始まっていることから、アイ・ステートメントと呼ばれています。

認知症フレンドリーコミュニティについて、行政だけではなく、市民や企業の人が参加して一からこうした地域のゴールを描く試みは、日本でも初めてのことです。

東京都町田市②　Dカフェ

ステートメントのひとつ、「私は、素でいられる居場所と仲間を持っており、一緒の時間を楽しんだり、自分が困っていることを話せる」という文にかかわる活動があります。

町田市では、大手のコーヒーチェーン、スターバックスの市内の店舗が協力する形で、Dカフェという催しが開かれています。

二〇一五年ごろから、全国に認知症カフェという試みが広がりました。社会的に孤立してし

Dカフェ（町田市，提供：NPO法人認知症フレンドシップクラブ）

まう可能性がある認知症の人、特に診断を受けた直後の人や診断には至っていない人とその家族が、地域の人々や支援者とつながるきっかけのための場所をつくろうという試みです。

一般的には介護施設の一角だったり、公的な施設のなかで開かれることが多いのですが、町田では、スターバックスの店舗が使われています。

まちづくりのワークショップに参加する認知症の人から、認知症かどうかもわからない時期や受け入れることがむずかしい時期に、馴染みのない介護施設でのイベントに行くのはハードルが高いという声がありました。もっとまちなかにあって、行きたくなるような場所でやってほしい。こうした声を知ったスターバックスが協力をして、実現したのです。

カフェは、市内の店舗すべてで毎月開かれていて、インターネットや市の広報誌で告知されます。認知症の人や家族だけでなく、誰でも参加できます。集まるのは五人から一五人ほどで、地元のNPOの人がゆるやかな進行をしながら、認知症の人や家族、支援を仕事とする人などが話をします。

診断されたばかりで認知症を受け入れることがむずかしい人が、先輩の当事者の声に勇気づけられたり、専門家が認知症の人や家族と仲良くなり、これまでの支援のあり方を考え直すなど、病院や相談機関では困難だったことが、まちなかのカフェだからこそ実現しています。

従来の認知症施策ではあまりかかわりを持ちようがなかった地元の商店街や企業も、スターバックスの例のように、一六のアイ・ステートメントであれば、いずれかにかかわりを持つことができます。このステートメントを通じて、いま町田市では、図書館や自動車販売店、コンビニや郵便局など、さまざまなセクターから、認知症フレンドリーコミュニティをつくる動きが生まれています。

他の地域では？

大牟田、富士宮、町田と先進的な地域をみてきましたが、他の地域はどのような現状なのでしょうか。

高齢化がもっとも進む日本は、認知症という課題との付き合いは古く、冒頭で述べたように、認知症フレンドリーコミュニティに向けた活動自体は、早くから始まりました。しかし、あくまで課題に気づいた一部の地域がみずから動いてきたということであり、他の地域では必ずしも活発な活動がされているわけではありません。読者の皆さんも、実感として、地元での活動をよく知っているという方はそれほどいらっしゃらないのではないかと思います。

認知症という課題と以前から向き合いながら、なぜ、認知症フレンドリーコミュニティに向けた動きがそれほど活発になっていないのか。あるいは、一部の地域の活動が、なぜ他の地域へと横に広がっていかないのか。これまでとられてきた対策と、その根底にある考え方についてみていきたいと思います。

痴呆という言葉が、認知症に改められたのが二〇〇四年。その翌年から、国や関連機関を中心に、「認知症を知り　地域をつくる10ヵ年計画」という構想が実施されていきました(図13)。計画は、四つの柱から成り立っています。

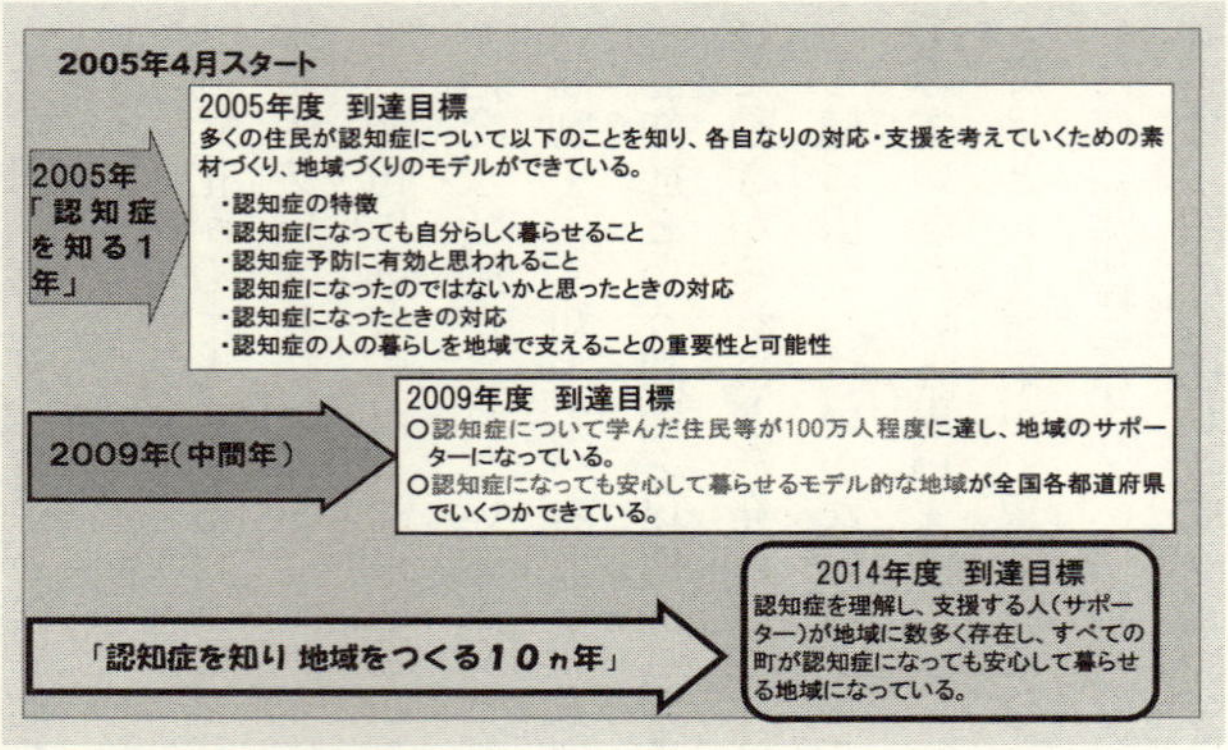

出典：厚生労働省ホームページ

図13 「認知症を知り　地域をつくる10ヵ年」の構想

1 認知症サポーター一〇〇万人キャラバン
2 「認知症でもだいじょうぶ町づくり」キャンペーン
3 認知症の人「本人ネットワーク支援」
4 認知症の人や家族の力を活かしたケアマネジメントの推進

地域住民や企業の人のなかから、認知症について正しく理解をして、必要に応じて支援できる認知症サポーターを養成し、認知症の人たちを中心とした「認知症になってもだいじょうぶなまち」を広げていこうという構想です。二〇〇四年の構想段階では、五年かけて一〇〇万人程度を養成、モデルとなる地域が各都道府県にいくつかできている状態をめざし、一〇年ですべてのまちが認知症になっても安心して暮らせる地域になっていることが目標とされました。

認知症についての偏見がなくなり、正しい理解が進むことで、認知症の人をとりまく環境が変わっていき、認知症になっても安心なまちが増えていくはずだという考え方に基づいています。

構想では、「認知症サポーター」の養成だけでなく、認知症の人どうしがつながり、自分の体験や考えを共有できるネットワークづくりや医療福祉以外の分野の人たちを巻きこんだまちづくりなども並行して進めていくことになっていました。

しかし、実際には、認知症サポーター養成講座をおこなうことに比べると、認知症の人たちの支援や多様なセクターを巻き込んだまちづくりは、行政の担当部署だけでは実行するためのノウハウや専門性が乏しく、多くの地域ではそれほど進みませんでした。そのため日本では、認知症のまちづくりといえば、認知症サポーター養成講座を開催するという図式になっていきました。

認知症サポーターとは

「認知症サポーター」について、もう少し詳しくみてみたいと思います。全国の認知症サポーター養成をとりまとめる認知症サポーターキャラバンによると、認知症サポーターとは次のように定義されています。

「認知症サポーター養成講座」を受けた人が「認知症サポーター」です。

とくに認知症サポーターにはなにかをとくべつにやってもらうものではありません。認知症を正しく理解してもらい、認知症の人や家族を温かく見守る応援者になってもらいます。そのうえで、自分のできる範囲で活動できればいいのです。たとえば、友人や家族にその知識を伝える、認知症になった人や家族の気持ちを理解するよう努める、隣人あるいは商店・交通機関等、まちで働く人として、できる範囲で手助けをする、など活動内容は人それぞれです。

また、サポーターのなかから地域のリーダーとして、まちづくりの担い手が育つことも期待されます。なお、認知症サポーターには認知症を支援する「目印」として、ブレスレット(オレンジリング)をつけてもらいます。この「オレンジリング」が連繋の「印」になるようなまちを目指します。

(認知症サポーターキャラバン　ホームページ)

表2が認知症サポーター養成講座の内容です。全国共通のテキストを使いながら、九〇分のなかで、認知症の医学的な基礎知識や、認知症の人との接し方のポイントなどが説明されます。講座の講師役となるのは、「キャラバン・メイト」と呼ばれるボランティアです。キャラバン・メイトは、認知症介護の専門家や、医療・介護従事者、行政職員、地域包括支援センター職員、民生児童委員などが、六時間程度の講座を受講することで、講師役となることができます。受講するのは、一般住民や企業の従業員などで、受講すると、その証としてオレンジリングをもらうことができます。

全国すべての自治体で、この講座は実施されており、当初一〇〇万人が受講することが目的

表 2　認知症サポーター養成講座　基本カリキュラム

基本となる内容	標準時間
・認知症サポーター 100 万人キャラバンとは	15 分
・認知症を理解する(1) 1 認知症とはどういうものか 2 認知症の症状 3 中核症状 症状 1 記憶障害 症状 2 見当識障害 症状 3 理解・判断力の障害 症状 4 実行機能障害 症状 5 感情表現の変化 4 周辺症状とその支援 元気がなくなり、引っ込み思案になることがある 身のまわりのことに支障が起こってくる 周辺の人が疲弊する精神症状 行動障害への理解	30 分
・認知症を理解する(2) 5 認知症の診断・治療 早期診断、早期治療が大事なわけ 認知症の治療 認知症の経過と専門家との関係 成年後見制度／地域福祉権利擁護事業 6 認知症の予防についての考え方 7 認知症の人と接するときの心がまえ 8 認知症介護をしている人の気持ちを理解する	30 分
・認知症サポーターとは ・認知症サポーターのできること	15 分
	(計 90 分)

出典：認知症サポーターキャラバン　ホームページ

とされてきましたが、二〇一八年現在、のべ一〇〇〇万人を超える人が受講しました。

この認知症サポーターという考え方は、世界各国の認知症施策にも影響を与えました。英国でも、認知症サポーターを参考にした認知症フレンズという制度が生まれました。日本のような対面の講座だけでなくインターネット上でも受講できたり、学習だけでなく行動に移すことが重視されている点に違いがありますが、基本的には同じものです。英語圏を中心に世界各国で類似の活動が広がっています。

養成講座の課題

世界の他の国々の施策のお手本にもなり、国内で一〇〇〇万人も受講したのであれば、それは素晴らしいことではないかと思う人も多いと思いますが、各地で関係者に話を聞いてみると必ずしも手放しで喜べる状況ではないことがわかります。

まず、受講者の年代を見ていくと、六〇代以上と一〇代以下が多いことがわかります(図14)。自治体で開催される講座は平日の日中が多く、受講者の大半は高齢者です。一〇代以下は、学校で開催されたものに参加したケースです。企業のなかでも一部実施されていますが、認知

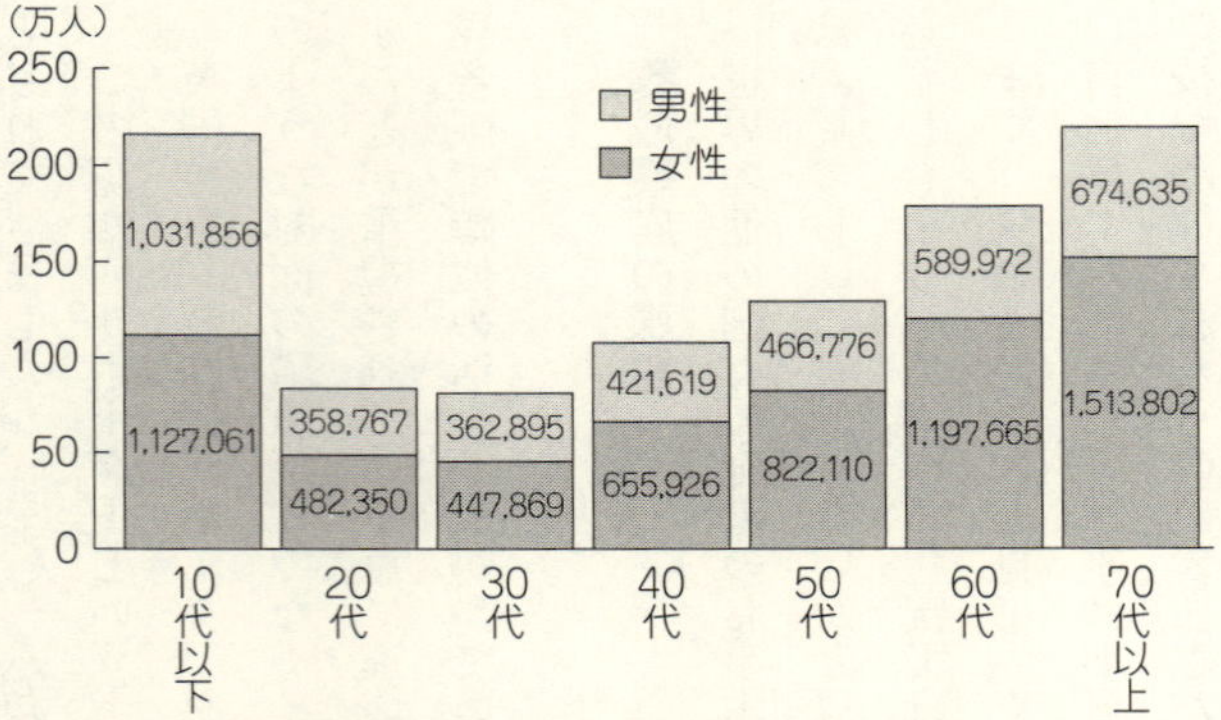

出典：認知症サポーターキャラバン　ホームページ

図 14　認知症サポーターの年代別構成（2018 年 6 月現在）

症の人をとりまく生活環境を考えた場合に、二〇代から五〇代の人がどのようにかかわるのかが重要な課題になってきます。

また、講座の内容やサポーターの役割についても課題があります。

受講した人に話をきくと、認知症サポーター養成講座は受講したけれど、「九〇分の講座を受けただけでは、具体的に接する自信がない」、あるいは「その後、認知症の人と接したことがない」という声をよく聞きます。自治体の職員からも、認知症サポーター養成講座を開催しているが、「その後のアクションにつながらず、どうすればよいかわからない」という声も出てきます。

具体的に何をするのか、決まったことがあるわけではなく、近隣の認知症の人や家族に対して、自分なりにできる簡単なことから実践するというのが厚生労働省の公式の答えですが、地域のなかで誰が認知症の人なのか、誰がサポーターなのかもわからず、出会ったりサポートする機会がないのだとすると、多くの場合、受講しただけに終わってしまうのも事実です。

また、個人として気づきがあったとしても、地域や企業のなかの仕組みが変わらないとすれば、できることは、認知症の人がいたらそっと見守るとか、銀行の窓口でゆっくり話を聞くといった「個人でできる範囲」に限定されてしまいます。

くりかえし述べていますが、銀行のＡＴＭのように、個人の対応ではなく、仕組みやシステムに依ったケースも多くあります。こうしたことには、認知症サポーター養成講座を単体で開催するだけでは不十分で、認知症の人と地域の人が出会うための場をいっしょに作ったり、企業のなかで商品サービスや業務の見直しにつなげていく機会とあわせていくなど、より意図を明確にしていく必要があるように思います。

内容面でさらに踏み込むと、より大きな問題点もあります。

認知症サポーター養成講座は、認知症について一般の人が知るきっかけになり、地域づくりの第一歩になるという側面がある一方、あまりに医学的な知識が強調されすぎてしまうと、正しい知識がないとかかわってはいけない、何らかのトレーニングをしないとスタートラインにつけないという考え方やイメージを強化してしまう可能性も持っています。テキストの内容も、医学的な知識が中心になっています。また、講師となるキャラバン・メイトも、専門職の人が多く、医療モデルに馴染みのある人が担うことも少なくありません。

本来であれば、認知症の人が暮らしていける地域を作っていきましょうという趣旨の講座ですが、講師の伝え方や状況によっては、その意図とは離れてしまい、地域住民や企業の人に逆のイメージを与えてしまうこともありえます。

富士宮市のように、認知症の人自身がキャラバン・メイトを担い、自身の暮らしや思いを語ったり、認知症サポーター養成講座で地域の人と認知症の人が交流する企画を組み合わせるなどの工夫をするところもあります。

講座の回数をこなしたり、何人のサポーターを養成するということ自体が目標になってしまうのではなく、認知症フレンドリーコミュニティをつくっていくために、講座をどのように位置づけていくのか、他の施策や活動と組み合わせてどのような成果を生み出していくのかを上手に設計していく必要があるのではと考えています。

認知症フレンドリーコミュニティをつくるには

課題があるのは、認知症サポーターだけではありません。

私は、厚生労働省の調査事業の一環で、二〇一四年に、認知症の人にやさしいまちづくりをテーマに、日本国内でのインタビュー調査をしました。そこでわかってきた課題をまとめたものが、図15です。

まちづくりには、「啓発型」、「ボトムアップ型」、「トップダウン型」の三つのアプローチがあり、それぞれに課題があることがわかりました。

すでに述べたように、認知症サポーターだけを養成しても、アクションや行動を変えることにはつながりにくいという課題があります。また、ある認知症の人の支援を通じて、周囲の人に働きかける動きは、小さな生活圏では実現できても、仕組みやシステムが変わらないと、他の地域へ展開したり、より広域に拡大することがむずかしいのが現状です。さらに、認知症の人にやさしいまちづくりといった標語をつくり、協議会や有識者会議などをひらいても、認知

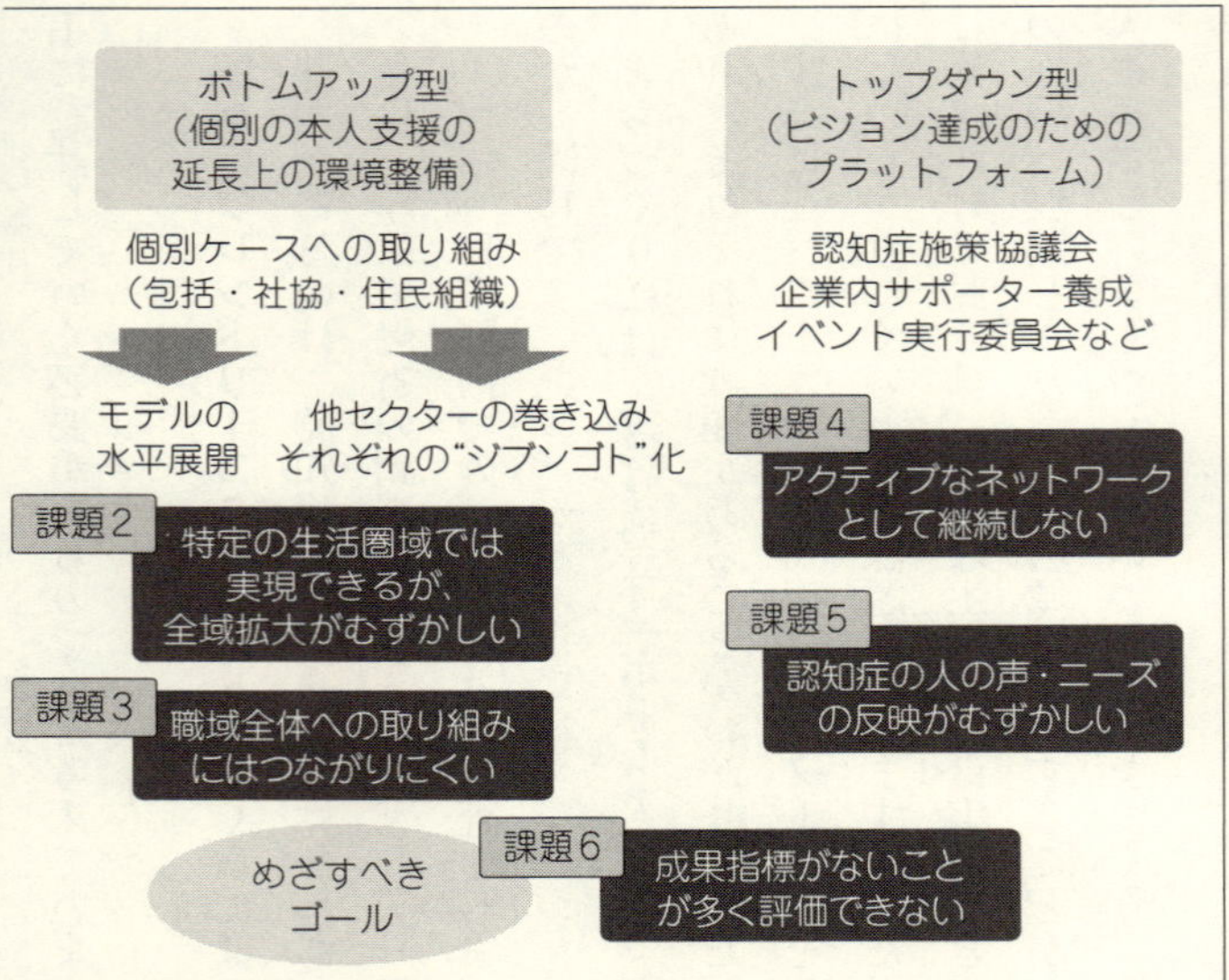

ボトムアップ型
（個別の本人支援の
延長上の環境整備）
個別ケースへの取り組み
（包括・社協・住民組織）
モデルの
水平展開
他セクターの巻き込み
それぞれの“ジブンゴト”化
課題２
特定の生活圏域では
実現できるが、
全域拡大がむずかしい
課題３
職域全体への取り組み
にはつながりにくい
トップダウン型
（ビジョン達成のための
プラットフォーム）
認知症施策協議会
企業内サポーター養成
イベント実行委員会など
課題４
アクティブなネットワーク
として継続しない
課題５
認知症の人の声・ニーズ
の反映がむずかしい
めざすべき
ゴール
課題６
成果指標がないこと
が多く評価できない

コミュニケーション・センター『認知症の人にやさしいまちづくりガイド』

づくりの３つのアプローチと課題

症の人が参加していないなど、実態がともなわないケースが多くあります。

　認知症の人にやさしいまちづくりなどの標語をつくり、認知症サポーターの養成や認知症カフェなどの既存事業を実施していても、そうした施策が地域に住む認知症の人や家族にとってどのような効果があるのかが明確でない地域が数多くありました。本来、そうした地域の状況に対して意見を言うべき当事者が、施策を検討する場にも参加していなければ、目的や

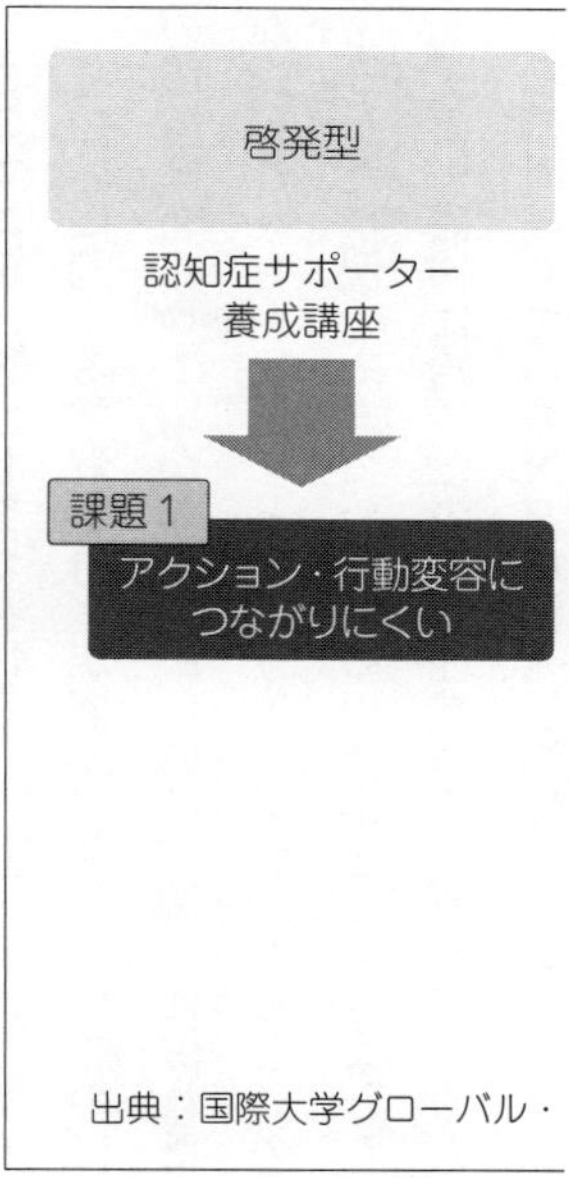
啓発型
認知症サポーター
養成講座
課題 1
アクション・行動変容に
つながりにくい
出典：国際大学グローバル・

図 15　まち

事業内容も見直されることなく、漫然と事業が継続していくことにつながります。

そこでこうした課題を乗り越えている地域を調査し、認知症フレンドリーコミュニティを進めるためのヒントとして、次の三つのことを提示しました。

まちづくりのヒント

1　認知症の人自身がまちづくりに参加する
2　セクターを超えてお互いが得る関係を築く
3　認知症の人と出会う体験がスタートライン

この章の冒頭に紹介した地域では、こうしたことを実践していました。

富士宮市では、イベントや施策を考える場に、認知症の人が参加していました。町田市のDカフェも、企業側が持ち出しでやっているわけではなく、顧客とのつながりを深め、地域の幅広い世代の人に愛されるお店になることにつながっています。大牟田市や町田市でも、認知症の人と地域の人が実際に出会う場を設計していて、単に知識だけを持った人になるのではなく、体験を通じて行動を変えていくことをうながしています。

コミュニティどうしをつなげる

認知症に関する学習や研修が盛んにされているのに、いっこうに認知症の人をとりまく地域の環境は変わっていかない、あるいは、個々に優れた事例がある一方で、なかなか他に広がらない。こうした状況をどのようにしていったらよいのか。私は、二〇一〇年から、NPOで、こうした状況を変えていくための仕事をしてきました。

まず、最初に始めたのは、地域づくりをしていく人やグループのネットワーク化でした。

私が所属しているNPO法人認知症フレンドシップクラブは、認知症フレンドリーコミュニティをめざす地域が加盟するネットワーク団体です。北海道から沖縄まで二一の地域事務局（二〇一八年四月現在）があります。

認知症の人をとりまく環境を変えていかなければと思ったとしても、具体的に何をしたらよいのか、イメージがすぐにわく人は多くないと思います。そうしたときに、他の地域では何をしているのか、どのようにスタートさせたのかという情報があり、認知症フレンドリーコミュニティをめざす人どうしがつながれば、具体的で実践的な情報がそこに集まります。さらに、他の地域の人が加わってくるという流れも生まれつつあります。

RUN伴　認知症の人といっしょにタスキリレー

認知症フレンドシップクラブでは、各地での運営を支援したり研修などをしていますが、それらと並び、地域どうしをつなげるという役割を果たしているイベントがあります。RUN《ラン》伴《トモ》です。これは、認知症の人と地域の人がいっしょになって北海道から沖縄まで全国各地をタスキリレーしながら、日本列島を縦断していきます。

当時、認知症関連のイベントというと、〝慰問的〟な位置づけで、認知症の人に何かをして

RUN 伴（著者撮影）

あげるという趣旨のものが多くありました。でも、何かをしてあげる／もらうという関係ではなく、認知症の人といっしょになって、楽しんだり、チャレンジできるようなことはないか。仲間で考えるなかでタスキリレーというアイデアが出てきました。

名前にはランとありますが、実際には、走っても、歩いても、車椅子でも参加できます。タスキを数十メートルつなぐ人もいれば、一〇キロ以上を走る人もいます。ひとりひとりでできることに差はあるけれど、そのひとつひとつがないと日本を縦断するという大きな目標は達成できないというのが、タスキリレーの面白いところです。何かをしてあげる／もらうという関係を超えて、いっしょに何かをする、伴走していけるような社会をめざそうということで、

RUN伴と名づけました。

このイベントを始めたのは、二〇一一年でした。

医療福祉関係者に呼びかけたところ、「タスキリレーをして何か意味はあるのか」、「認知症の人が転んで怪我をしたらどうするのか」など、否定的な意見も少なくありませんでした。それでも、趣旨に賛同してくれた一七一人(うち、二〇人が認知症の当事者)によって、函館から札幌までの道のり三〇〇キロをつなぎました。

実際にタスキをつないでみると、いろいろなことがわかってきました。認知症の人も、家族も、医療や介護の関係者も、地域住民もすごく楽しそうだということ。認知症の人のいきいきとした姿や表情は、地域の人たちあるいは、医療や介護の関係者にとっても驚きがあるということ。そして他の地域でも、こうしたリレーをしてみたいという人が多かったことなどでした。翌年からルートを南のほうに伸ばしていきながら、毎年RUN伴を続けています。

私自身、ルート上にある全国の市町村の人たちと会って、話をうかがうことができました。

多くの地域では、認知症というテーマにかかわる人どうしであっても、地域内ですら、あまりつながっていない、顔見知りではないという状況がありました。認知症施策を担当している行政の人と、地域に住む認知症の人がお互いを知らなかったり、認知症の人を介護する人たちと認知症サポーターになっている商店街の人たちがお互いを知らなかったりというのは、それほど珍しいことではありませんでした。

RUN伴は、タスキリレーをするという誰でも参加できるイベントであることもあり、こうした人たちがいっしょに参加し、結果として地域内に顔見知りが増えるという効果をもたらしました。自分たちの地域でもこうしたことをしたいという声がよせられたのも、地域のつながりが大事なことはわかっているけれど、具体的にどうすれば出会えるのだろうかということが、課題になっていたという背景があったのではないかと思います。

二〇一七年には、RUN伴は全国各地で開催され、姉妹イベントなども含めると、四一の都道府県、およそ二万人が参加しています。日本だけでなく、台湾でも開催されました。

RUN伴には、もうひとつの効果もあります。自分たちの地域にとって参考になる活動をしている他の地域の人とも知り合うことができるという点です。

タスキといっしょになって地域を移動していくなかで気づいたのは、隣町であっても、それぞれが何をしているかは、ほとんど知らないということでした。もしかすると、自分たちが悩んでいることを解決するヒントは、隣町の活動にあるかもしれないけれど、そうしたことに気づかないままになっているということが少なくありませんでした。ＲＵＮ伴は、タスキリレーをするというイベントの性格上、隣町の人とも知り合いになりますし、都道府県や地方といったもう少し広いエリアのなかでも、連絡調整が必要となるため、知り合いになっていくのです。

地域のゆるやかなネットワーク

もちろん、このイベントだけで、地域どうしがよく知り合えるわけではありませんから、他の地域でどのような活動やまちづくりがあるのか情報共有をするフォーラムを地方ごとに開催するなどして、認知症フレンドリーコミュニティをめざす地域のゆるやかなネットワークを全国規模に広げてきました。

現在、ネットワークは全国規模にまで広がったので、何かチャレンジをしていきたいという意思のある地域の人たち向けに、「認知症まちづくりファシリテーター講座」など、まちづくりの考え方やノウハウを伝える講座を開催しています。

この講座は、自治体や地元の企業、認知症の当事者や家族など立場が異なる三人一組で参加

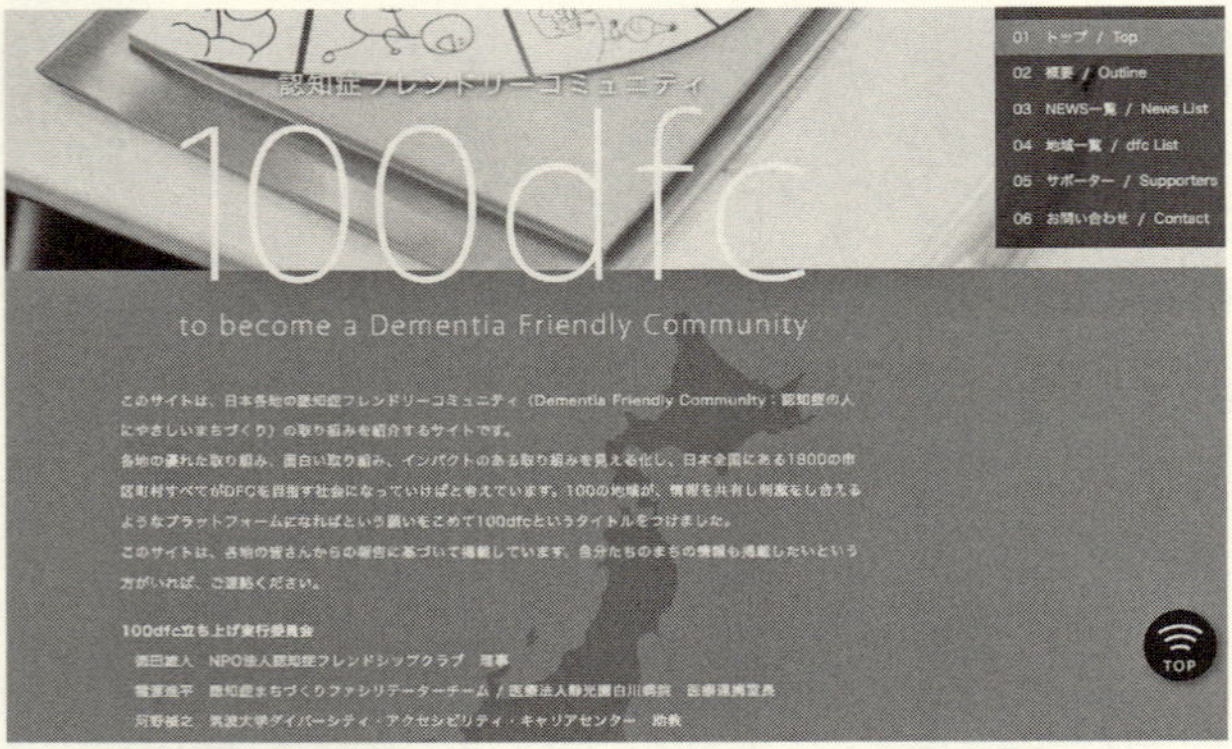

日本全国の認知症フレンドリーコミュニティを紹介するウェブサイト　100dfc

してもらい、セクターが異なる人とどのように問いを共有するのかということに焦点をあて、ワークショップを設計する方法を学びます。医療福祉の専門職や自治体の担当者は、「正しく理解」、「協力をお願いします」といったキーワードを前面に出してしまうことが多いのに対して、「認知症の人が買い物しやすいまちとは？」といったテーマ設定をすることで、それぞれの立場の人が興味をもってかかわれるような問題設定をすることができるようになります。

また、どの地域で、誰がどのような活動をしているのかが把握できるように、ウェブサイトを作り、活動を登録してもらえるようにしました（写真）。ここには日本地図があり、認知症フレンドリーコミュニティに関して、都道府県ごとにどのような活動をしていくのか見ることができます。活動が写真つきで紹介されていて、必要があれば活動をしている人に問い合わせることもできます。

このウェブサイトでは、日本語だけでなく、英語でも活動を紹介しています。言葉の壁を取り除くことができれば、認知症フレンドリーコミュニティをつなぐというのは、何も国内に限った話ではありません。日本のどこかのまちが、認知症フレンドリーコミュニティになろうとした時に、一番参考になるのは、英国のどこかのまちかもしれませんし、ニュージーランドの事例かもしれないのです。

図書館、スーパー、そして学校

地域ごとの動きがある一方、日本でもまだそれほど多くはありませんが、業種やテーマごとの動きも始まっています。

図書館の業界でも、認知症フレンドリーな図書館をめざす動きが広がっています。

神奈川県川崎市にある宮前図書館では、二〇一五年から、「認知症の人にやさしい『小さな本棚』」を設置して、認知症に関する本と地域の支援に関係するチラシなどを集めています。

認知症の本の特設コーナー
（提供：川崎市立宮前図書館）

図書館の利用者には高齢者が多く、カウンター越しに話をした利用者のなかにも認知症と思われる人がいた経験から、認知症サポーター養成講座を受けた図書館の職員が中心となって本棚が設置されました。最初は試しに期間限定で設置していましたが、認知症に関する本を借りていく人が多かったことから、常設化が決まりました。

認知症に関する相談機関の人からは、相談になかなか来てくれなくて困っているという話を聞くことが多いのですが、図書館という普段から馴染みの場所に、本やチラシを置き、自由に情報がとれるようにするということも大事な試みです。この地区では地域包括支援センターと図書館をはじめとした社会教育施設の職員が顔見知りとなることで、地域のなかで支援が必要な可能性がある人に以前より早く気づくことができるようになったそうです。

図書館のこうした活動は、いま全国に広がっており、図書館の人たちにとっても、認知症というトピックは関心の高いものになりつつあります。

流通業界では、イオンもよく知られています。

スーパーマーケットでは、近年店舗のなかで必要な商品が見つけられない、お金の支払いにサポートが必要、万引きなどの意図はないけれど会計をしないまま商品を外に持ち出してしまう、といった認知症関連のできごとが、しばしば起こります。

イオンでは、新規で開店する際に、すべての従業員を対象に認知症サポーター養成講座を開催しています。講師をするのは、地元の地域包括支援センターの専門職です。

地元の専門家とこうした機会につながり、顔見知りになることで、どうすればよいのかといった相談などを気軽にできるようになりました。会計をせずに商品を持ち出してしまうケースに対して、以前であれば認知症ということがわからずにすぐ警察に連絡を入れていましたが、認知症ということが疑われる場合、まず地元の地域包括支援センターに連絡をするようになったそうです。

高齢者や認知症関係の相談先である地域包括支援センターでは、この講座を通して、家族や地域住民も含め、その人にとってどのような支援が必要かを考えていくことができます。

地域包括支援センターは専門機関として、相談があったケースについてはわかっていますが、地域に住むすべての高齢者のことを把握しているわけではありません。介護サービスなども利用していないひとり暮らしの高齢者などで、周囲も気づかないうちに、認知症が進行していたという場合もあります。

こうした場合、スーパーからの連絡がきっかけで支援が始まるというケースもありました。福祉機関と連携すれば、スーパーは、地域で支援が必要な人を把握するためのアンテナになりうるのです。

学校との連携も重要です。先に述べた大牟田市では、学校と認知症の人がつながっていくことにも力を入れてきました。

大牟田市立白光中学校では、一年生から三年生まですべての学年で、総合学習の時間で認知症というテーマを地域課題のひとつとして扱ってきました。生徒たちは、認知症の人をとりまく環境について学んだり、地域の高齢者とペアになって商店街へ出かけ、そこで不便なことを探し、市役所へ提案するという内容の授業をおこなってきました。学校側も、リアルな地域の課題を生徒たちが学び、実際に地域の人と顔見知りになるという授業の目的を考えた時に、認知症の課題を扱うことになったのは自然な流れだったと語ってくれました。
認知症という切り口から、地域に住む高齢者や認知症の人だけでなく、医療福祉の専門家、商店街、市役所の人たちと中学生が話をできたのは、学校側としても大きな収穫でした。学校側が、医療福祉の課題に協力してあげるという姿勢ではなく、学校側と医療福祉の側が、それぞれの目的に沿った形で協働しているという構図になります。

現段階では、教育の場において、全国的な形で本格的に認知症というテーマが設定されているわけではありませんが、認知症がそれぞれの地域の重要課題である以上、遅かれ早かれ、学校教育のなかでも学習の対象となっていくのではないかと思います。

「はたらく」ということ

世界のなかでも、日本が先をいっているという分野があります。認知症の人たちが、地域のなかの仕事をしたり、企業から仕事を引き受けて、はたらくというものです。

この分野のパイオニアが、東京都町田市のデイサービスＤＡＹＳ《デイズ》　ＢＬＧ《ビーエルジー》！（ＢＬＧ）です。

ここでは、デイサービスを利用する人たちが、地域へ出て仕事をしています。近くの自動車販

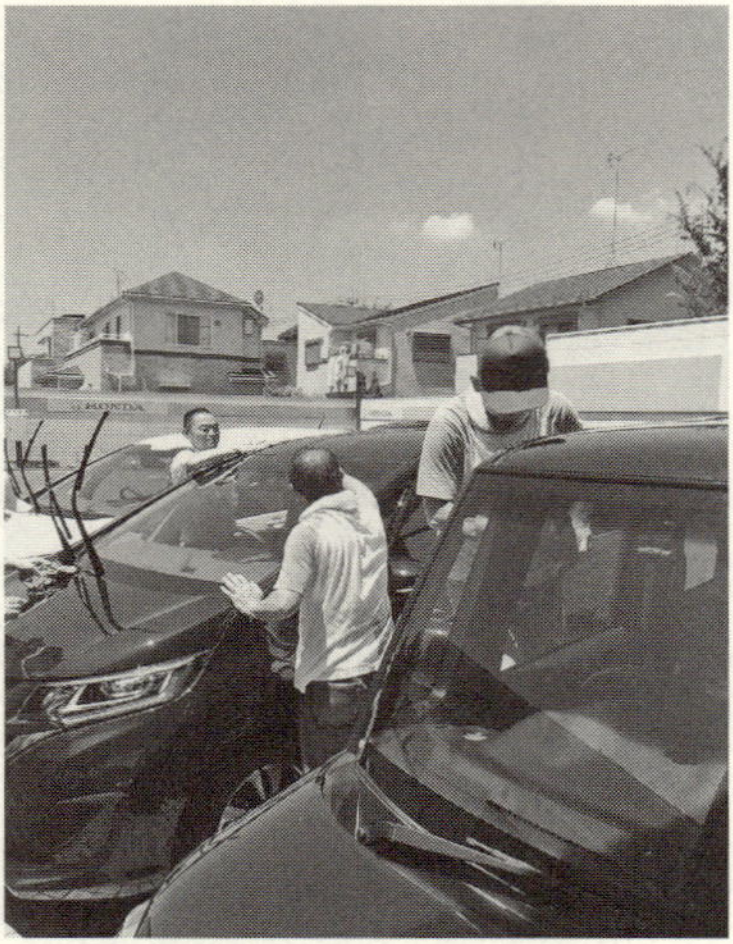
洗車をする（提供：前田隆行氏）

売店で展示用の車を洗ったり、野菜卸業者からの依頼で業務用のたまねぎの皮むきをしたりしています。地元企業から依頼される仕事は、有償ボランティアという扱いで、若干の報酬が支払われます。

ここで仕事をする認知症の人に話をうかがうと、「通常のデイサービスでは、折り紙やゲームをして一日を過ごすことが多いけれど、ここに来ると仕事があって、地域や社会に貢献しているという実感が持てるので、楽しい」という言葉が返ってきます。

こうした活動を二〇〇六年から開始した事業所代表の前田隆行さんは、こう語ります。

「仕事をすること自体が目的ではないんです。認知症の人が居たいと思える場所をつくるためにどうするか考えた結果、地域から隔絶された場所ではなくて、地域に出ていき、つながる必要があると考えたんです」

英国において認知症フレンドリーコミュニティとは、認知症の人が地域に貢献していると感じられるような環境と定義されていました。ＢＬＧの活動は、まさにこうした考えに基づいていると言えます。

認知症の人がはたらくという試みは、いま、全国に広がりつつあります。内容は、畑作業（北海道、沖縄県）、茶つみ（京都府）、竹林の整備（東京都）、木工作業（静岡県、奈良県）、子どもたちの登下校の見守り（全国各地）など、さまざまです。無償のボランティアの場合もあれば、仕事内容に応じて有償のものもあります。

介護サービスを利用する人というと、一方的に世話をされる人というイメージを持つ人も少なくないと思いますが、それぞれの経験や能力に応じてできることはあり、地域や社会へ貢献できることが具体的に示されつつあります。欧米でも、アクティビティとして、認知症の人が軽作業をするという活動はありますが、報酬を得たり、企業と協働することは珍しく、日本の事例は注目されています。

「昔への回帰」ではない形

先進事例をみていくと、人口規模が一〇万人程度あるいはそれ以下の比較的小さなまちでのものが多いことに気づきます。例えば、大牟田市の模擬訓練を、東京などの人口規模の大きい都市部で実施しようとして、本当にできるだろうかと考えると、そのままの方法ではむずかしいようにも思えます。

現在の地域での活動は、地域の人が互いに知り合って、認知症の人のことも理解しようというアプローチが主流になっています。そのために、まずはあいさつをする地域になりましょう、支えが必要になった人をみなさんで見守りましょう、昔ながらの地域ぐるみのおつきあいをしていきましょう、ということになります。

このアプローチも大切なことは確かですが、都市部の住人にとっては、あるいは地方部に住んでいても、それほど地縁と関係なく生活をしている人々にとって、こうしたアプローチはどこか現実離れしたものに感じられるのではないかと思います。私たちの生活をとりまく生活環境といったときに、町内や学校区のような物理的に身近な範囲が占める割合はそう多くないからです。

日頃から近所づきあいがない地域で、認知症の課題のときだけ、地域で見守るということがむずかしいのは当然のことです。近所づきあいの大切さは否定するものではありませんが、認知症の課題解決の柱が、昔ながらのつきあいを取り戻すということだとすると、現代人の生活感覚からすれば、説得力があるものとは言えません。

ここで重要になってくることのひとつが、企業の役割です。私たちの生活の多くは、企業の商品サービスやシステムによって形づくられているからです。

コンビニができてから、私たちの消費行動は大きく変わりました。携帯電話を持つようになってから、私たちは待ち合わせの仕方が変わりました。インターネットやＳＮＳの登場によって、情報や手続きが便利になる一方で、そうした情報にアクセスできない人にとっては、暮らしづらい状況にもなっています。

認知症の人に限らず、私たちの生活は企業のサービスに大きく影響を受けており、そうした構造のなかで、日常生活を送っているのです。認知症の人や家族の生活課題が解決されていくためには、地域の人が顔見知りになって、認知症のことについて学ぶだけでは不十分ではないでしょうか。

例えば、認知症の人が外出時に道に迷ってしまった際には、見守ったり、捜索することも大事ですが、ＧＰＳなどを使って位置を特定したり、そもそも本人が道に迷わないための移動支援のガイダンスの仕組みがあれば、もっと物ごとの〝上流〟で問題を解決することができるかもしれません。

昔に回帰するのではなく、システムや技術を含め、私たちをとりまく生活環境にどのようなものがあるのかを洗い出し、それらを認知症の人にも使いやすいものにする必要があるのです。

企業が認知症フレンドリーになるには

いま、企業で技術や仕組み、商品サービスを開発している人たちの頭のなかには、認知症の人のことがほとんどありません。認知症の人が行方不明になったときに対応するような位置情報サービスを提供する会社の人ですら、実際には認知症の人と話したことがないというケースがほとんどです。だとすれば、社会自体の変化が、認知症の人にとって使いづらいもの、暮らしづらいものになるのは当然のことです。

当事者が大きく声をあげることができるような分野で、かつ、ある程度その人たちの数にボリュームがあれば、遅かれ早かれ、そうした声が商品やサービスの開発に活かされていきます。

認知症の場合、認知症とともに生きる体験を語る人が少なからず出てきていることは間違いありませんが、一般的には、他の疾病や障害に比べて、その経験を語ったり、整理して伝えたりすることがむずかしいのも事実です。

しかし、固有の経験を伝えるのがむずかしいということと、それを活かす術がないということはイコールではありません。認知症の人や家族の経験を語る場を増やしていくこと、そうした場に、企業で商品サービスを開発する立場の人が入っていくことは十分可能です。

例えば、家庭用品のメーカーの社員が、デイサービスやグループホームで暮らす認知症の人たちといっしょに一日を過ごしたり、家電メーカーなどの社員と認知症の人や家族が日帰り旅行をするという企画を実施したことがあります。参加した社員からは、「実際に同じ時間を過ごしてみて、今まで想像していた認知症の人のイメージとだいぶ違った」という感想が聞かれました。その後、この企業では参加した社員たちが中心になり、高齢社会における自社の役割を話し合う社内ワークショップが開催されました。

広く公開された講演会やワークショップなどに限りません。地域の小さな集まりでもよいかもしれませんし、家族や親戚の集まりでもよいかもしれません。

いままでは、認知症であるというだけで、認知症の人とそうでない人のあいだに壁ができていました。壁の片側から反対側を想像して、あるいはまったく意識しないで社会が形づくられてきたのです。実際には、認知症である人とそうでない人のあいだに明確な壁はありません。目に見えないそうした壁を取り除くことが、社会を認知症の人対応にアップデートしていくことにつながるのです。

立場を超えて

認知症フレンドリー社会を考えるときに、縦糸と横糸があるという話を、前の章で紹介しましたが、今後日本でも、この縦糸と横糸を交差させて、織物のように面にしていく必要があります。現状は、地域のなかで認知症の人の支援やまちづくりをしている人たちと、企業で高齢者や認知症というテーマに向き合おうとしている人たちとは、それほど多くの接点があるとは言えません。

そもそも、そうした人たちが知り合いになる機会がないことに加え、たとえ知り合いになったとしても、それぞれに見えている風景や使っている言葉がまったく異なるため、課題設定を共有することが困難です。

地域で活動する人は、ある認知症の人が免許を返納することになり、移動の足がなくなってしまった後の暮らしをどう支援するか考えている。バス会社は、高齢者や認知症の人が利用した際に起こることへの対応を考えている。二つのテーマは、移動・交通というテーマで共通はしていますが、それぞれが別々に考えているだけでは、とりあえず、ボランティアがつきそうといった支援になったり、バス運転手向けの対応マニュアルをつくるといった、目の前の宿題を解決しただけのことになりがちです。

でも、ここに、例えば「認知症になっても、安心して自由に移動できるには？」という問いがあればどうでしょうか。地域で活動する人も、バス会社など企業を巻き込んで、より仕組みやシステムに踏み込んだ解決策を考えることができるかもしれません。企業も、実際に認知症の人がどのようなことに困っていて、どのようなことを改善すれば使いやすくなるのかに目が向くようになるかもしれません。

立場や専門性を超えて、課題設定を共有できる場をつくろうと、私は、企業や自治体の人たちといっしょに、二〇一四年から年に一回、認知症フレンドリージャパン・サミットというイベントをおこなっています。認知症フレンドリーな社会をつくるために、立場やセクターを超えて知り合いになり、課題設定を共有しようというのが狙いです。

認知症フレンドリージャパン・サミット
（提供：認知症フレンドリージャパン・イニシアチブ）

参加するのは、企業の新規事業開発やマーケティングの担当者、自治体職員、認知症の人や家族、医療介護の専門家、研究者や学生などです。一日のなかで、さまざまなテーマのワークショップがあり、自由に話をきいたり、自分の考えを共有したりすることができ、二〇一四年にはじめて開催した際には、全部で一二のテーマを設定しました。

移動・交通、働く、商品・サービス、音楽、ジェンダー、香りなど従来の医療福祉系とは違う設定にしました。医療やケア側からの整理ではなく、認知症の人の暮らしを考えたときに、日常を構成する要素から考えたかったからです。テーマに応じて分科会方式で、ワークショッ

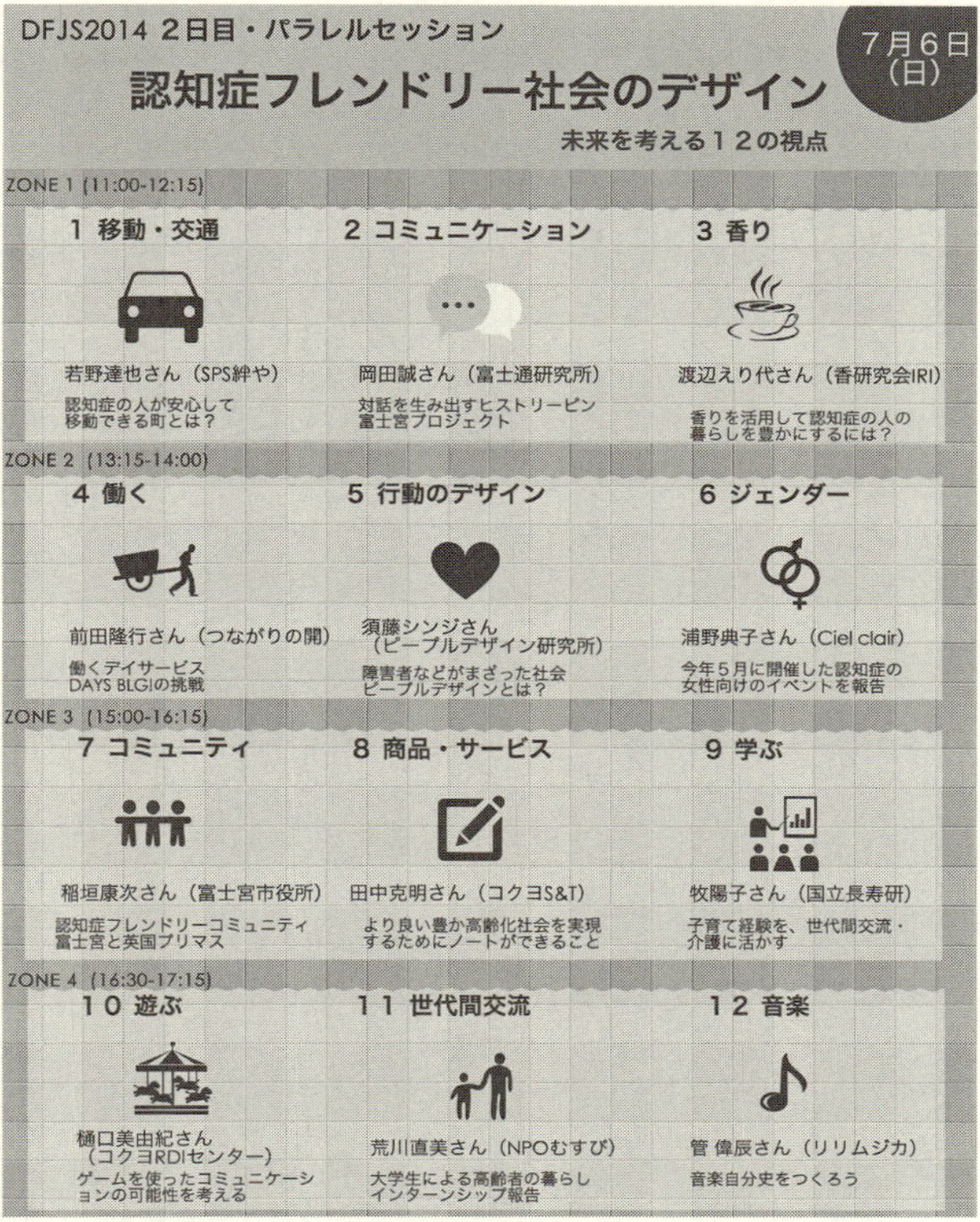

認知症フレンドリージャパン・サミットのプログラム（2014 年）

プを開催し、企業や自治体、医療福祉の関係者、当事者などが立場や専門性を超えて、対話をしました。

それ以来、毎年開催していますが、これまであまりなかった出会いが生まれています。もちろん、こうしたイベントに参加できるのは、せいぜい数百人ですので、それだけで何かが大きく変わるというわけではありませんが、認知症をめぐる縦糸と横糸がうまく交差する機会を作ることの重要性を感じています。

6.

これからの社会を考えるヒント

互いが互いを支える

認知症の人が仲間といっしょになって何かに打ち込んだり、認知症の人が発した一言でその場の空気が和み、なんとも言えないよい時間が流れるといった場面に居合わせたりすると、認知症という課題には、これからの社会のあり方を考えるヒントがたくさん隠れているのではないかと、いつも感じます。

そのヒントのひとつが、互いが互いを支えるということです。一般的には、認知症の人は介護の対象となることが多く、お世話になる対象で、誰かを支える側にまわるということはあまりイメージできないかもしれません。しかし、第5章でみてきたように、認知症の人が企業の仕事を有償で担ったり、地域の子どもたちの登下校を見守ったりということが全国で広がりつつあります。

認知症であるかどうかにかかわらず、人には、地域や社会に貢献したい、働きたいという願いがあり、必要な部分のサポートさえあれば、そのほかの人のために働けることが実際に証明されてきているのです。

認知症の人は介護や見守りの対象であり、基本的には社会的負荷であるというイメージは、現在の制度や社会の仕組みの根幹にあり、根強い考え方です。しかし、認知症の人が増えていき、認知症である人とそうでない人が明確に区分できないという事実を考えると、「健常な人」が「健常でない人」を世話するという発想を捨てなくてはいけない時期に来ているように思います。生活のなかで、ある場面でサポートが必要ということと、その人が一方的に世話をされる対象であるとすることはまったく異なります。

実は介護保険制度のなかでも、認知症の人がはたらくということに対しては、これまでにも議論がありました。介護保険料によって運営されている介護サービスを受ける側の人が、地域へ出て行き、仕事をする、そして場合によっては報酬を得るというのはおかしいのではないかと考える人もいるからです。

この分野のパイオニアである町田市のデイサービスＤＡＹＳ ＢＬＧ！の前田隆行さんは、こうした考え方と長年対峙《たいじ》してきました。

介護保険法の第一条には、介護保険の目的について次のように書かれています。

第一条

この法律は、加齢に伴って生ずる心身の変化に起因する疾病等により要介護状態となり、入浴、排せつ、食事等の介護、機能訓練並びに看護及び療養上の管理その他の医療を要する者等について、これらの者が尊厳を保持し、その有する能力に応じ自立した日常生活を営むことができるよう、必要な保健医療サービス及び福祉サービスに係る給付を行うため、国民の共同連帯の理念に基づき介護保険制度を設け、その行う保険給付等に関して必要な事項を定め、もって国民の保健医療の向上及び福祉の増進を図ることを目的とする。

介護サービスというと、一方的にお世話をするというイメージを持つ人も少なくありませんが、実はそれは介護サービスの本質ではありません。本来の介護サービスの目的は、「有する能力に応じ自立した日常生活を営むことができるよう」にすることだと書いてあります。本来自分でできるはずのことを代わりにやってしまい、その人の心身機能を衰えさせてしまうことは、こうした目的には沿っていないのです。

前田さんも「はたらくことが最初からあったのではなく、それぞれの人ができることとやりたいことを聞くなかで、結果として地域ではたらくということが生まれてきた」と語ります。

前田さんたちが活動を始めた当初は、介護事業を所管する自治体の反応はよくありませんでした。現在でも自治体によっては、デイサービスの活動として外に出ることをあまり推奨しない地域もありますし、特に、はたらいた結果に何らかの対価を得るということに関しては、前例もないため、難色を示す自治体は多くあります。

しかし、前田さんは自治体や厚生労働省などに粘り強く話をして、単にはたらくというアクティビティをしているのではなく、そうした活動が、本人の能力を活かして、日常生活を自立して送るためのものだということを理解してもらえるように働きかけてきました。

こうした働きかけを含め、全国のパイオニアのおかげで、現在、法令上の解釈としては、認知症の人も含め介護保険サービスを利用している人がデイサービスなどの活動として地域へ出ていって社会参加することは認められており、対価を得るということも、有償ボランティアという扱いとして認められています。

介護保険制度だけでなく、現在の法制度や社会の仕組みの多くは、認知症の人がこれだけ多くなる前にできました。その時代には、多くの人が認知症になる前に、寿命がやってきて亡くなっていました。そうした社会では、認知症の人は少なかったので、どこか特定の場所で世話をしてあげるという考え方になるのは、自然のことなのかもしれません。

しかし人生一〇〇年時代とも言われる状況になると、これまで存在しなかった人生のステージがあらわれてきます。多くの人の、人生の後半のほうに、認知症とともに生きるステージができて、そのステージは一〇年くらいのこともあれば、数十年に及ぶこともあります。その期間は、一方的に世話になる対象として生きるにはあまりにも長いと言えます。

認知症とともに生きる人たちから、自分もはたらきたい、地域や社会に役立つことをしたいという声があがってくるのは、こうしたことが背景にもあります。認知症の人たちがはたらこうとするときには、目的地までの移動であったり、作業の途中などでサポートが必要な場面があったりします。仕事の最終的な結果を確認する際には、誰か別の人の助けが必要かもしれません。

しかし、そうしたポイントごとのサポートさえあれば、はたらくことができる、誰かの役に立つことができる。人生の後半に生まれたステージは、誰かのサポートを受けながら、誰かのサポートをするというステージとも言えるかもしれません。

雇用は有限だけれど、役割は無限

認知症の人の社会参加はよいけれど、仕事をするのはむずかしいのではないか。あるいは、若い人でも仕事がなくて困っている人がいるのに、雇用を奪うのではないかと思う人もいるかもしれません。また働きたくない人にも強要するのか、という意見もあるかもしれません。

しかし、これは、「しごと」という言葉に対する誤解から生まれる反応です。「しごと」＝労働市場における賃金労働だとすれば、そうした指摘も当てはまるかもしれません。しかし、家庭や地域には、賃金報酬をともなわない仕事もたくさんあります。

「しごと」を、地域や家庭で、誰かのため、何かのためにすることと広くとらえると、認知症の人がかかわれることは多くあるのです。もちろん、そのなかには賃金報酬を得られるものもあると思いますが、もっと広くとらえれば、自立した日常生活を送るためにやれることは無数にあるのではないでしょうか。

植木職人だった認知症の人が昔の経験を生かして門松を作り、地域の会社や介護施設などに売るという仕事をしています。また、商社勤務で海外生活が長かった人が、英語の通訳ボランティアをかってでるということもありました。どれもが、認知症の人が昔の経験や得意なことを生かした「しごと」ということになります。また、特に経験がなく得意なことでなくても大勢でやるとはかどるということもあります。町田でやっている自動車販売店の洗車もそうですし、繁忙期の農家の収穫を手伝うといったこともあります。

さらに、積極的に何かをするわけではないけれど、その場にいること自体が価値になるという「しごと」もあります。

例えば、地域の交流拠点で子どもたちと認知症の高齢者がいっしょに時間を過ごすというような場合、そこに明確な「しごと」があるわけではないけれど、その場にいることで場が和んだり、子どもたちの雰囲気がやわらかくなるというようなことがあります。こうした風景について、誰が何の役割を果たしているのか、明快に分析できるわけではありませんが、交流拠点にいるスタッフや先生などとは違う役割を果たすことができるのではないかと思います。

より積極的な、認知症の当事者だからできる「しごと」もあります。当事者として自身の体験を語ること、講演をすること、他の認知症当事者の相談にのること、認知症施策について評価をしたりすることなどです。

雇用を奪うのではないか、という指摘についても考えてみると、たしかに雇用という意味では、ポストは有限です。ひとつのパイを、若い人やほかの障害者と奪い合うことになるかもしれません。しかし、広い意味での「しごと」は違います。地域や社会における役割と言い換えてもよいかもしれません。役割は、人と人とのあいだで生まれるものですから、人と人をつなぐ関係性の線の数だけあります。ある意味で無限に作り出すことができるものです。人生の後半にでてくる、「誰かのサポートを受けながら、誰かのサポートをする」というステージでは、こうした広い意味での「しごと」、役割をどのように創出できるかというのが鍵になっていくのではと考えています。

現在、日本では、こうした流れのなかで政策の転換をはかろうという動きもあります。二〇一七年に厚生労働省が打ち出したのが、「地域共生社会」というコンセプトです。これまで、子どもや障害、高齢者、生活困窮など分野ごとにおこなってきた縦割りの対策を見直し、「支え手」と「受け手」という関係を超えて、地域住民や地域の多様な主体がつながり、地域をつくっていくことがめざされています。具体的にこれを制度のなかでどのように実現していくかは、まだわからない部分もありますが、認知症の課題から見えてきている、認知症の人も地域社会の一員としてなんらかの役割をもつ社会というのは、こうした流れにも沿っているものと思われます。

まざっていく社会

こうした地域をめざすうえで、大きな壁となっていることがあります。現在の私たちの社会は、通常、認知症の人とそうでない人がわかれて暮らしている社会だということです。物理的には、同じ地域にいるかもしれませんが、家族や親戚を除いて、認知症の人とそうでない人が日常的に接する機会はほとんどありません。介護施設や病院という空間に住んでいる場合もありますし、在宅生活をしている場合であったとしても、認知症の人だと、要介護者、要援護者というカテゴリーに入れられてしまい、それまでのように一般の地域住民として暮らしていくことはむずかしくなります。地域でのつながり、仕事の縁は切れてしまい、家と介護施設や病院を往復する生活になっていく人も少なくありません。

私たちは、物理的には同じ空間に住んでいながら、認知症の人とそうでない人は別の世界に住んでいるというのが現状です。現在、認知症カフェや認知症サポーターの養成など、さまざまな施策を通じて、認知症の人が地域の人や専門職とつながり、地域社会の一員として暮らせるような努力がされていますが、実はおおもとでは別々の世界に暮らすよう、社会制度や私たちの意識によって形づくられてきているのです。

こうしたことは、認知症だけに限りません。例えば、障害の分野でも同じようなことが言えます。学校教育では、障害がある子どもの多くを、特別支援学校で教育しています。学校教育の段階では、子どもをわけて教育することには、専門性や経済効率性の観点から一定の合理性はあるのかもしれません。しかし、その子どもたちが成人し、社会に出ていくようになった段階で、就職やその後の社会生活で大きな困難に立ち向かわなければならない状況になります。こうした課題に対して、さまざまな努力がなされていることはすばらしいことだと思います。しかし、教育段階でわけておいて、大人になると社会へ出ましょう、障害がある人もない人もいっしょにというのは、社会全体の設計として正しいのか、私自身は疑問に思います。

認知症をめぐる状況も、障害をめぐる状況と似ています。片方で、認知症は病気で専門家に見てもらいましょうという医療モデルに基づいた考えを強調して、認知症の人と地域の人々の距離をはなしておきながら、もう片方で認知症カフェを推進して、地域の人ともつながりましようと言っているというような現状があります。

認知症であっても、まちへ出て、買い物や移動などの場面で、商品サービスを普通に利用できる状況があれば、認知症の人とそうでない人がまざっていく社会になるのではないかと思います。町のあちらこちらで、日常的に認知症の人が他の人と接触し、話をしたり、意見を交わしていれば、わざわざ研修会をしたり、ニーズ調査を全国でしたりする必要もなくなるかもしれません。

生産性を再定義

認知症の課題に向き合うと、生産性という概念を再考することも必要ではないかと思います。

通常、生産性とは、投入したコストあたりの成果で測られます。

例えば、町田市の洗車の例で考えてみましょう。自動車販売店の社員が、自分で手洗い洗車をした場合、一時間あたり五台洗車できるとします。認知症の人たちが同じ五台を一時間で洗おうとした場合、認知症の人五名と介護スタッフ一名が必要だったとします。従来の生産性の概念であれば、一名でできることを六名でやっているのであれば、生産性は六分の一ということになります。社員がみずからやればよいかもしれませんし、それがむずかしければ、別のアルバイトを雇ったほうがよいという判断になるかもしれません。

ところが、町田市の自動車販売店の担当者はそうは考えませんでした。自動車販売店は、地域密着の仕事で、地域で商売をしている人や地域に長年住んでいる人との関係性のなかで仕事をしています。地域に住む人のなかには認知症の人も含まれ、そうした人たちが地域とかかわり続けたいと思っていることを知り、自分たちの仕事のなかで何かやってもらうことはないかと考えた結果、洗車という作業がでてきました。もちろん、自分たちで洗車をすることもありますが、こなさなくてはいけない作業が他にもいっぱいあります。自分の時間に余裕がないなか、認知症の人たちがやりたいことで、かつ、時間をかけて、ていねいに作業をしてくれるのであれば、それは逆にありがたいことだと判断したのです。

実際には、この作業は有償ボランティアで、謝礼は他のアルバイトを一名雇ったときの金額よりも低いものです。コスト面でも、社員、その次がアルバイト、その次が有償ボランティアの順番になっています。そのうえ、認知症の人たちの仕事ぶりは、非常に熱心なもので、他の従業員の人にもよい影響があると言います。決して一方的に持ち出しで協力をしているのではなく、合理的な判断を下敷きに、仕事を依頼しているのです。

社会全体に視点を向けてみると、より大きな成果を見つけることができます。もし、この人たちが、デイサービスの室内にずっといて、あまり気が進まないアクティビティを続けたとします。外に出て働くよりも、身体機能や認知機能が落ちてきて、状態がよくなくなってしまう可能性が高くなります。本人や家族の生活に影響がでるのはもちろんのこと、それにともなう医療や介護の費用も増加します。

現在、こうしたことを明確に裏づける調査研究は、国内外を探してもありません。しかし、介護の現場では、従来型のお世話をするタイプの活動と社会や地域とつながる活動をしている場合では、同じ人でも様子やその後の経過が違うという事例は数多く報告されています。

町田市のデイサービスＤＡＹＳ ＢＬＧ！に通う、ある認知症の人も「以前、他のデイサービスに行っていたときは何の目標もなかったけれど、ＢＬＧにやってきてからは仲間がいてやることもあって、毎日が楽しくなった」と言っていました。

最近の認知症ケアの潮流も、こうした方向と一致しています。

以前は、認知症の人に向けて一対一でケアをどのようにするのかということに重点が置かれていましたが、認知症があっても、やりたいことにチャレンジし、地域や仲間とつながっていくことをどのように支援するのか、に重点が置かれるようになってきています。近くこうした効果も明らかになっていくのではないかと考えられます。企業側にもメリットがある形で、認知症の人たちにもよい影響がある活動は、社会全体で考えると、きわめて生産性が高い活動なのではないかと思います。

ひとりひとりの能力を、時間あたりの仕事の成果と定義すると、認知症の人の多くは、仕事の担い手から外されてしまう可能性が高くなります。しかし、複数のグループとして仕事をこなしたり、あるいは時間をかけて仕事をするというようなことを前提に、活動がもたらしている直接間接の影響を総合して、成果を社会全体へのインパクトととらえると、認知症の人たちができることは、地域や社会にもっとたくさんあり、それらの生産性は決して低くないと言えるのではと思うのです。

認知症フレンドリー社会へ向けた道のり

この本でこれまで述べてきた認知症フレンドリーという考え方は、これからの社会をどのような方向に向かわせてゆくのでしょうか。今後の展開を考えるのに、参考になることがあります。

私は、大学時代、環境問題のことを研究していました。そして環境問題をめぐる状況と、現在の認知症をめぐる状況は似ているのではないかと考えています。

環境問題は、戦後、公害という問題からスタートしました。加害と被害という構図がはっきりしており、そうした問題に対しては、法制度を整備することで長い時間をかけて解決を図ってきました。

一九九〇年代に入ると、気候変動のような加害と被害がそれほどはっきりしない問題が立ち上がります。私たちは、便利な生活を送るために、エネルギーを消費し、その結果、二酸化炭素などの温室効果ガスを排出しているのです。こうした問題に対し、公害の時代に整備した法制度はそれほど役に立たなくなり、より経済的な手法が用いられるようになります。温室効果ガスの削減目標が設定されると、エコフレンドリー(環境にやさしい)というような言葉が使われるようになり、企業でも、環境への対応が加速しました。モノやサービスの消費者も、環境にやさしいものかを判断材料にして、購入をするようになりました。現在では、仕事を受注したり、融資や投資を受けるという文脈で、環境に配慮していない企業というのは生き残れないようになっています。公害の時代、環境というテーマには、被害を受けた当事者と一部の研究者や運動家が主にかかわっていました。しかし、現在においてこのテーマは、生活環境を構成しているすべての産業が、かかわりをもつものになっています。

わたしは、認知症や高齢社会というテーマも同じような軌跡をたどるのではないかと考えています。現在は、認知症というテーマは、一部の専門家によるテーマから、社会全体の課題という認識が広がりつつあります。一方で、一般の人や企業がどのようにかかわるのかはまだわからない部分が多く、生活環境を構成するすべての産業がかかわっているとは言えない状況です。ちょうど、環境で言えば、エコフレンドリーという言葉が聞かれるようになった九〇年代の端境期に相当するのではないかと思います。

環境問題の変遷を参考にするならば、認知症フレンドリーという考え方が普及していき、それに対応した商品サービスの開発が進んでいくようになります。もう少し広くとらえるならば、高齢者全般に使いやすいということで、場合によっては、エイジフレンドリーというキーワードになるかもしれません。

どのようなものが認知症の人に使いやすいのか、認知症フレンドリーなまちとはどのように決まるのか、こうした研究や議論が活発にされ、制度の整備が進んでいくものと思われます。認知症フレンドリーな商品・サービスというのが、物やサービスが選ばれるひとつの条件になり、投資の条件にも組み入れられるかもしれません。

日本の経験を活かす

日本の研究者や政策担当者が、認知症関係の国際会議に行くと、世界の国々の人から必ず聞かれることがあります。認知症の人がすでに五〇〇万人いるというのはどのような社会なのか、日本ではどのようにそれを乗り越えようとしているのか、と。

多くの研究者や政策担当者は、質問への答えとして、日本の行政施策の説明などをするのですが、聞いた側は満足の表情をしていないことが多いように思います。もっとも高齢化が進む国には、もっと何か大きな変化が起こっており、自国の課題を解くヒントがあるのではないかという期待が大きいのだと思います。

わたしは、日本の各地で起きていること、例えば、まちぐるみで認知症の人の外出を応援したり、はたらく場をつくってきた経験は、間違いなく世界の国々に役立つものだと考えています。実際に、日本の現場で起こっていること、例えば、町田市や大牟田市の話を、具体的な事例を交えて話すと、非常に高い関心をもってもらうことができます。

これからは、認知症の当事者をはじめ、地域づくりにかかわっている実践者や、企業のなかで仕事として向き合う人々が、国を越えて実践を共有するような時代になっていくのではないかと思います。

長寿社会が、人生に、認知症とともに生きるステージを生み出し、社会をアップデートする必要が出てきているという認識が世界中に広がるなか、認知症の人の持つ経験の共有、社会の側の工夫でうまくいった経験を、世界中から取捨選択していく時代がやってきています。

日本の実践からは、互いが互いを支える、まざっていく社会、生産性の再定義といった重要なキーワードが出てきています。国によっては、現段階ではそれほど多くの高齢者や認知症の人がいない国もあり、いまひとつピンとこない場合もあるでしょう。しかし、今後、すべての国で長寿化、高齢化が進んでいくと予測されています。

高齢社会を先頭で走る日本に住む私たちはこうした経験を、他の国の人々にもわかる形で発信じ、これからの世界の社会設計に役立てていく役割をになっているのだと、私は考えます。

あとがき

個人的なことを書いて恐縮ですが、新書とは深い縁があります。初心者でも読みやすく書かれていて、あまりなじみのない分野でもテーマ全体を俯瞰《ふかん》できるので、学生時代からテーマを問わずたくさん読んできました。

人生の転機となる時にも、そこに新書がありました。高校生の時に、石弘之著『地球環境報告』を読み、その後、大学では環境問題について研究をすることになりました。NHKで番組ディレクターとして認知症に関心を強く持つようになったのも、小澤勲著『痴呆を生きるということ』を読んだことがきっかけでした。事例や具体的な情報もさることながら、新書は、考え方のフレームワーク（あるいは「世界を見るメガネ」）を与えてくれたのではないかと思います。新書が大好きな私が、幸運にもその新書を書く機会をいただけたのは、非常に光栄でうれしく思っています。

今回、この本を執筆するなかで、読者の皆さんに全体を通じてお伝えしたいと思っていたのは、認知症というテーマは、私たちを写す鏡のようなものだということです。いま認知機能が低下しつつある人たちをどのようにとらえていくのかは、すなわち、将来認知症になりうる私たちがどのようにとらえられていくのかということに他なりません。困難を抱えた人たちを、どのように支援していくかといった福祉的なフレームワークでも考えることができますが、避けることができない加齢や認知機能の低下と私たちがどのように向き合っていくのか、そして、どのような社会を設計していくのかというフレームワークでも考えることができるのではないかと思います。この本が、一足先に認知症となった先輩の皆さんの言葉を大切に、そして頼りにしながら、社会を〝アップデート〟していくための、メガネのひとつになればと願っています。

この本を執筆するにあたり、またこれまでの活動に際して、多くの方々に支えていただきました。

「認知症になっても不便ではあるけれど、不幸ではない」という佐藤雅彦さんの言葉からは、認知症のことを考えていくために決して忘れてはならない大切な視点を教えていただきました。

認知症についての初めての取材では、青津彰さん・優子さんに〝暮らしのなかの困りごと〟という視点を教えていただきました。一足先に認知症になった当事者の皆さんから学んだことが、この本の基礎となっています。認知症と向き合ってきた当事者や家族の皆さんから教えていただいたことに、改めて深く感謝申し上げます。

英国プリマス市の訪問をはじめ、この本全体のテーマを考えるきっかけをいただいた慶應義塾大学大学院健康マネジメント研究科教授の堀田聰子さん。認知症に関する基本的なフレームワークを叩き込んでくださった、のぞみメモリークリニック院長の木之下徹さん。認知症をテーマにした活動や事業を導いてくださったＮＰＯ法人認知症フレンドシップクラブ理事長の井出訓さん。企業との協働というテーマと研究の機会を与えてくださった富士通研究所の岡田誠さん。国際大学グローバル・コミュニケーション・センター准教授の庄司昌彦さん。同志社大学教授の服部篤子さん。皆さんとの出会いなくしては、認知症フレンドリーというテーマを、仕事という形で取り組むことはできなかったと思っております。心より御礼申しあげます。

また、この本の執筆に際しては、筑波大学の河野禎之さん、大牟田市の猿渡進平さん、ＤＡＹＳ ＢＬＧ！の前田隆行さん、富士宮市の稲垣康次さん、宮前図書館の舟田彰さん、スターバックスコーヒージャパン様に多大なご協力をいただき、ありがとうございました。執筆中、いろいろと迷惑をかけてしまった職場の同僚、認知症フレンドシップクラブの全国の仲間にも、お詫びと御礼申し上げます。

慣れない執筆作業をあたたかく見守ってくださり、この本がめざしていきたい方向性を常に照らしてくださった岩波書店の編集者の坂本純子さんに深く感謝申し上げます。

ＮＨＫを退職してからの道のりはそれほど平坦なものではなかったですが、信頼していっしょに歩んできてくれた家族のおかげで、なんとか今という瞬間を迎えることができます。妻あかねと子どもたちに感謝して筆をおきます。

二〇一八年一〇月

徳田雄人

主要参考・引用文献

樋口直美『私の脳で起こったこと——レビー小体型認知症からの復活』ブックマン社，2015 年
藤田和子『認知症になってもだいじょうぶ！——そんな社会を創っていこうよ』徳間書店，2017 年

2013
Alzheimer's Society, "Becoming a dementia-friendly retailer: A practical guide", 2016
Civil Aviation Authority, "Supporting people with hidden disabilities at UK airports", 2018
The British Standards Institution, "Code of practice for the recognition of dementia-friendly communities in England", 2015

***

井庭崇，岡田誠編著『旅のことば――認知症とともによりよく生きるためのヒント』丸善出版，2015 年
クリスティーン・ブライデン，馬籠久美子訳『認知症とともに生きる私――「絶望」を「希望」に変えた 20 年』大月書店，2017 年
公益社団法人認知症の人と家族の会『認知症初期の暮らしと必要な支援――認知症の人と家族からの提言』2017 年
丹野智文，文・構成奥野修司『丹野智文笑顔で生きる――認知症とともに』文藝春秋，2017 年
中村成信『ぼくが前を向いて歩く理由――事件，ピック症を超えて，いまを生きる』中央法規出版，2011 年
認知症の私たち『認知症になっても人生は終わらない――認知症の私が，認知症のあなたに贈ることば』harunosora，2017 年

佐藤雅彦『認知症になった私が伝えたいこと』大月書店，2014 年

東京都健康長寿医療センター『本人にとってのよりよい暮らしガイド――一足先に認知症になった私たちからあなたへ』2018 年

徳田雄人「認知症フレンドシップクラブ」『老年精神医学雑誌』第 28 巻第 5 号，2017 年

西田淳志「英国の認知症国家戦略」『海外社会保障研究』190 号，2015 年

二宮利治『日本における認知症の高齢者人口の将来推計に関する研究』平成 26 年度厚生労働科学特別研究成果報告書，厚生労働省，2015 年

「認知症疾患治療ガイドライン」作成合同委員会編『認知症疾患診療ガイドライン 2010』医学書院，2010 年

宮崎和加子，田邊順一写真『認知症の人の歴史を学びませんか』中央法規出版，2011 年

安田朝子「経済被害の実態――アルツハイマー型認知症の人とその家族が経験する経済被害」『老年精神医学雑誌』第 22 巻第 7 号，2011 年

Alzheimer's Disease International, "Dementia Friendly Communities Key Principles and Global Developments", 2016

Alzheimer's Society, "Building dementia-friendly communities: A priority for everyone", 2013

Alzheimer's Society, "Dementia-friendly financial services",

主要参考・引用文献

栗田主一「Dementia Friendly Community の理念と世界の動き」『老年精神医学雑誌』第 28 巻第 5 号，2017 年

NPO 法人認知症フレンドシップクラブ『みんながつくる認知症フレンドリーまちだ』2018 年

小澤勲『痴呆を生きるということ』岩波新書，2003 年

小澤勲『認知症とは何か』岩波新書，2005 年

木之下徹編『認知症医療』中山書店，2014 年

国際大学グローバル・コミュニケーション・センター『認知症の人にやさしいまちづくりガイド――セクター・世代を超えて，取り組みを広げるためのヒント』(平成 26 年度厚生労働省　老人保健健康増進等事業「認知症の人にやさしいまちづくりの推進に関する調査研究事業」)，2015 年

国際大学グローバル・コミュニケーション・センター『認知症の人の「はたらく」のススメ――認知症とともに生きる人の社会参画と活躍』(平成 29 年度厚生労働省　老人保健健康増進等事業「若年性認知症を含む認知症の人の能力を効果的に活かす方法等に関する調査研究事業」)，2018 年

佐渡充洋『わが国における認知症の経済的影響に関する研究』平成 25–26 年度厚生労働科学研究費補助金(認知症対策総合研究事業)分析研究成果報告書，厚生労働省，2015 年

徳田雄人

1978年東京生まれ．2001年東京大学文学部を卒業後，NHKのディレクターとして，医療や介護に関する番組を制作．09年にNHKを退職し，認知症にかかわる活動を開始．16年より株式会社DFCパートナーズ代表取締役．認知症や高齢社会をテーマに，自治体や企業との協働事業やコンサルティング，国内外の認知症フレンドリーコミュニティに関する調査，認知症の人や家族のためのオンラインショップの運営などをおこなっている．

認知症フレンドリー社会　　岩波新書（新赤版）1749

2018年11月20日　第1刷発行
2024年 9 月 5 日　第5刷発行

著　者　徳田雄人《とくだたけひと》

発行者　坂本政謙

発行所　株式会社 岩波書店
〒101-8002 東京都千代田区一ツ橋 2-5-5
案内 03-5210-4000　営業部 03-5210-4111
https://www.iwanami.co.jp/

新書編集部 03-5210-4054
https://www.iwanami.co.jp/sin/

印刷・理想社　カバー・半七印刷　製本・中永製本

ISBN 978-4-00-431749-4　　Printed in Japan

岩波新書新赤版一〇〇〇点に際して

ひとつの時代が終わったと言われて久しい。だが、その先にいかなる時代を展望するのか、私たちはその輪郭すら描きえていない。二〇世紀から持ち越した課題の多くは、未だ解決の緒を見つけることのできないままであり、二一世紀が新たに招きよせた問題も少なくない。グローバル資本主義の浸透、憎悪の連鎖、暴力の応酬――世界は混沌として深い不安の只中にある。

現代社会においては変化が常態となり、速さと新しさに絶対的な価値が与えられた。消費社会の深化と情報技術の革命は、種々の境界を無くし、人々の生活やコミュニケーションの様式を根底から変容させてきた。ライフスタイルは多様化し、一面では個人の生き方をそれぞれが選びとる時代が始まっている。同時に、新たな格差が生まれ、様々な次元での亀裂や分断が深まっている。社会や歴史に対する意識が揺らぎ、普遍的な理念に対する根本的な懐疑や、現実を変えることへの無力感がひそかに根を張りつつある。そして生きることに誰もが困難を覚える時代が到来している。

しかし、日常生活のそれぞれの場で、自由と民主主義を獲得し実践することを通じて、私たち自身がそうした閉塞を乗り超え、希望の時代の幕開けを告げてゆくことは不可能ではあるまい。そのために、いま求められていること――それは、個と個の間で開かれた対話を積み重ねながら、人間らしく生きることの条件について一人ひとりが粘り強く思考することではないか。その営みの糧となるものが、教養に外ならないと私たちは考える。歴史とは何か、よく生きるとはいかなることか、世界そして人間はどこへ向かうべきなのか――こうした根源的な問いとの格闘が、文化と知の厚みを作り出し、個人と社会を支える基盤としての教養となった。まさにそのような教養への道案内こそ、岩波新書が創刊以来、追求してきたことである。

岩波新書は、日中戦争下の一九三八年一一月に赤版として創刊された。創刊の辞は、道義の精神に則らない日本の行動を憂慮し、批判的精神と良心的行動の欠如を戒めつつ、現代人の現代的教養を刊行の目的とする、と謳っている。以後、青版、黄版、新赤版と装いを改めながら、合計二五〇〇点余りを世に問うてきた。そして、いままた新赤版が一〇〇〇点を迎えたのを機に、人間の理性と良心への信頼を再確認し、それに裏打ちされた文化を培っていく決意を込めて、新しい装丁のもとに再出発したいと思う。一冊一冊から吹き出す新風が一人でも多くの読者の許に届くこと、そして希望ある時代への想像力を豊かにかき立てることを切に願う。

（二〇〇六年四月）

岩波新書より

福祉・医療

医の変革　春日雅人編
新型コロナと向き合う　横倉義武
〈弱さ〉を〈強み〉に　天畠大輔
がんと外科医　阪本良弘
医の希望　齋藤英彦編
〈いのち〉とがん　患者となって考えたこと　坂井律子
ルポ 看護の質　小林美希
健康長寿のための医学　井村裕夫
和漢診療学　あたらしい漢方　寺澤捷年
在宅介護　結城康博
医と人間　井村裕夫編
医療の選択　桐野高明
納得の老後　日欧在宅ケア探訪◆　村上紀美子
移植医療　橳島次郎　出河雅彦
医学的根拠とは何か◆　津田敏秀
転倒予防　武藤芳照

看護の力　川嶋みどり
心の病 回復への道　野中猛
重い障害を生きるということ　高谷清
感染症と文明　山本太郎
医の未来　矢﨑義雄編
パンデミックとたたかう◆　押谷仁　瀬名秀明
介護　現場からの検証　結城康博
腎臓病の話　椎貝達夫
がん緩和ケア最前線　坂井かをり
新型インフルエンザ　世界がふるえる日　山本太郎
児童虐待　川﨑二三彦
生老病死を支える　方波見康雄
医療の値段　結城康博
ぼけの予防◆　須貝佑一
認知症とは何か　小澤勲
障害者とスポーツ　高橋明
放射線と健康　舘野之男
定常型社会　新しい「豊かさ」の構想◆　広井良典

高齢者医療と福祉　岡本祐三
看護　ベッドサイドの光景　増田れい子
医療の倫理　星野一正
腸は考える　藤田恒夫
光に向って咲け　粟津キヨ
リハビリテーション　砂原茂一
指と耳で読む　本間一夫
文明と病気 上・下　H・E・シゲリスト　松藤元訳

(2023.7)　◆は品切，電子書籍版あり．　(F)

社会

女性不況サバイバル　竹信三恵子
パリの音楽サロン　青柳いづみこ
持続可能な発展の話　宮永健太郎
皮革とブランド　変化するファッション倫理　西村祐子
動物がくれる力　教育、福祉、そして人生　大塚敦子
政治と宗教　島薗進編
超デジタル世界　西垣通
現代カタストロフ論　金子勝・児玉龍彦
「移民国家」としての日本　宮島喬
迫りくる核リスク　〈核抑止〉を解体する　吉田文彦
記者がひもとく「少年」事件史　川名壮志
中国のデジタルイノベーション　小池政就
これからの住まい　川崎直宏
検察審査会　デイビッド・T・ジョンソン・平山真理・福来寛

ドキュメント〈アメリカ世〉の沖縄　宮城修
東京大空襲の戦後史　栗原俊雄
土地は誰のものか　五十嵐敬喜
民俗学入門　菊地暁
企業と経済を読み解く小説50　佐高信
視覚化する味覚　久野愛
ロボットと人間　人とは何か　石黒浩
ジョブ型雇用社会とは何か　濱口桂一郎
法医学者の使命　「人の死を生かす」ために　吉田謙一
異文化コミュニケーション学　鳥飼玖美子
モダン語の世界へ　山室信一
時代を撃つノンフィクション100　佐高信
労働組合とは何か　木下武男
プライバシーという権利　宮下紘
地域衰退　宮﨑雅人
江戸問答　田中優子・松岡正剛

広島平和記念資料館は問いかける　志賀賢治
コロナ後の世界を生きる　村上陽一郎編
リスクの正体　神里達博
紫外線の社会史　金凡性
「勤労青年」の教養文化史　福間良明
5G　次世代移動通信規格の可能性　森川博之
客室乗務員の誕生　山口誠
「孤独な育児」のない社会へ　榊原智子
放送の自由　川端和治
社会保障再考　〈地域〉で支える　菊池馨実
生きのびるマンション　山岡淳一郎
虐待死　なぜ起きるのか、どう防ぐか　川崎二三彦
平成時代◆　吉見俊哉
バブル経済事件の深層　奥山俊宏・村山治
日本をどのような国にするか　丹羽宇一郎
なぜ働き続けられない？　社会と自分の力学　鹿嶋敬
物流危機は終わらない　首藤若菜

岩波新書より

- 認知症フレンドリー社会　徳田雄人
- アナキズム　一丸となってバラバラに生きろ　栗原康
- まちづくり都市 金沢　山出保
- 総介護社会　小竹雅子
- 賢い患者　山口育子
- 住まいで「老活」　安楽玲子
- 現代社会はどこに向かうか　見田宗介
- EVと自動運転　クルマをどう変えるか　鶴原吉郎
- ルポ 保育格差◆　小林美希
- 棋士とAI　王銘琬
- 科学者と軍事研究　池内了
- 原子力規制委員会　新藤宗幸
- 東電原発裁判　添田孝史
- 日本問答　田中優子・松岡正剛
- 日本の無戸籍者　井戸まさえ
- 〈ひとり死〉時代のお葬式とお墓　小谷みどり
- 町を住みこなす　大月敏雄

- 歩く、見る、聞く 人びとの自然再生　宮内泰介
- 対話する社会へ　暉峻淑子
- 悩みいろいろ　金子勝
- 魚と日本人　食と職の経済学　濱田武士
- ルポ 貧困女子　飯島裕子
- 鳥獣害　動物たちと、どう向きあうか　祖田修
- 科学者と戦争　池内了
- 新しい幸福論　橘木俊詔
- ブラックバイト　学生が危ない　今野晴貴
- 原発プロパガンダ　本間龍
- ルポ 母子避難　吉田千亜
- 日本にとって沖縄とは何か　新崎盛暉
- 日本病　長期衰退のダイナミクス◆　金子勝・児玉龍彦
- 雇用身分社会　森岡孝二
- 生命保険とのつき合い方◆　出口治明
- ルポ にっぽんのごみ　杉本裕明
- 鈴木さんにも分かるネットの未来　川上量生

- 地域に希望あり◆　大江正章
- 世論調査とは何だろうか◆　岩本裕
- フォト・ストーリー 沖縄の70年　石川文洋
- ルポ 保育崩壊　小林美希
- 多数決を疑う　社会的選択理論とは何か　坂井豊貴
- アホウドリを追った日本人　平岡昭利
- 朝鮮と日本に生きる　金時鐘
- 被災弱者　岡田広行
- 農山村は消滅しない　小田切徳美
- 復興〈災害〉　塩崎賢明
- 「働くこと」を問い直す　山崎憲
- 原発と大津波 警告を葬った人々　添田孝史
- 縮小都市の挑戦　矢作弘
- 福島原発事故 被災者支援政策の欺瞞　日野行介
- 日本の年金◆　駒村康平
- 食と農でつなぐ　福島から◆　塩谷弘康・岩崎由美子
- 過労自殺〔第二版〕◆　川人博

岩波新書より

金沢を歩く　山出保
ドキュメント 豪雨災害　稲泉連
ひとり親家庭　赤石千衣子
女のからだ フェミニズム以後　荻野美穂
〈老いがい〉の時代◆　天野正子
子どもの貧困 II　阿部彩
性と法律　角田由紀子
ヘイト・スピーチとは何か◆　師岡康子
生活保護から考える◆　稲葉剛
かつお節と日本人　宮内泰介・藤林泰
家事労働ハラスメント　竹信三恵子
福島原発事故 県民健康管理調査の闇◆　日野行介
電気料金はなぜ上がるのか◆　朝日新聞経済部
おとなが育つ条件　柏木惠子
在日外国人〔第三版〕　田中宏
まち再生の術語集　延藤安弘
震災日録 記憶を記録する◆　森まゆみ
原発をつくらせない人びと　山秋真

社会人の生き方◆　暉峻淑子
構造災 科学技術社会に潜む危機　松本三和夫
家族という意志◆　芹沢俊介
ルポ 良心と義務　田中伸尚
夢よりも深い覚醒へ◆　大澤真幸
3・11 複合被災◆　外岡秀俊
子どもの声を社会へ　桜井智恵子
就職とは何か◆　森岡孝二
日本のデザイン　原研哉
ポジティヴ・アクション　辻村みよ子
脱原子力社会へ◆　長谷川公一
希望は絶望のど真ん中に　むのたけじ
アスベスト 広がる被害　大島秀利
原発を終わらせる　石橋克彦編
日本の食糧が危ない　中村靖彦
希望のつくり方　玄田有史
生き方の不平等◆　白波瀬佐和子
同性愛と異性愛　風間孝・河口和也
新しい労働社会　濱口桂一郎

世代間連帯　上野千鶴子・辻元清美
道路をどうするか　五十嵐敬喜・小川明雄
子どもの貧困　阿部彩
子どもへの性的虐待◆　森田ゆり
テレワーク 「未来型労働」の現実　佐藤彰男
反貧困　湯浅誠
不可能性の時代　大澤真幸
地域の力　大江正章
少子社会日本　山田昌弘
親米と反米　吉見俊哉
「悩み」の正体　香山リカ
変えてゆく勇気◆　上川あや
戦争で死ぬ、ということ　島本慈子
ルポ 改憲潮流　斎藤貴男
社会学入門　見田宗介
冠婚葬祭のひみつ　斎藤美奈子
少年事件に取り組む　藤原正範
悪役レスラーは笑う◆　森達也
いまどきの「常識」◆　香山リカ

岩波新書より

働きすぎの時代◆　森岡孝二
桜が創った「日本」　佐藤俊樹
生きる意味　上田紀行
社会起業家◆　斎藤槙
逆システム学◆　金子勝・児玉龍彦
男女共同参画の時代　鹿嶋敬
当事者主権　中西正司・上野千鶴子
豊かさの条件　暉峻淑子
クジラと日本人　大隅清治
人生案内　落合恵子
若者の法則　香山リカ
自白の心理学　浜田寿美男
原発事故はなぜくりかえすのか　高木仁三郎
日本の近代化遺産　伊東孝
証言 水俣病　栗原彬編
日の丸・君が代の戦後史◆　田中伸尚
コンクリートが危ない　小林一輔
東京国税局査察部　立石勝規

バリアフリーをつくる　光野有次
ドキュメント屠場　鎌田慧
能力主義と企業社会　熊沢誠
現代社会の理論　見田宗介
原発事故を問う◆　七沢潔
災害救援　野田正彰
スパイの世界　中薗英助
都市開発を考える　大野輝之・レイコ・ハベ・エバンス
ディズニーランドという聖地　能登路雅子
原発はなぜ危険か◆　田中三彦
豊かさとは何か　暉峻淑子
農の情景　杉浦明平
異邦人は君ヶ代丸に乗って　金賛汀
読書と社会科学　内田義彦
文化人類学への招待◆　山口昌男
ビルマ敗戦行記　荒木進
プルトニウムの恐怖　高木仁三郎
日本の私鉄　和久田康雄
社会科学における人間　大塚久雄

女性解放思想の歩み　水田珠枝
沖縄ノート　大江健三郎
沖縄　比嘉春潮
民話　関敬吾
唯物史観と現代〔第二版〕　梅本克己
民話を生む人々　山代巴
米軍と農民　阿波根昌鴻
沖縄からの報告　瀬長亀次郎
結婚退職後の私たち　塩沢美代子
ユダヤ人◆　J-P・サルトル　安堂信也訳
社会認識の歩み◆　内田義彦
社会科学の方法　大塚久雄
自動車の社会的費用　宇沢弘文
上海　殿木圭一
現代支那論　尾崎秀実

(2023.7)　◆は品切，電子書籍版あり．(D4)

自然科学

岩波新書より

法律

医療と介護の法律入門　児玉安司
敵対的買収とアクティビスト　太田洋
会社法入門〔第三版〕　神田秀樹
法の近代　権力と暴力をわかつもの　嘉戸一将
少年法入門　廣瀬健二
倒産法入門　伊藤眞
国際人権入門　申惠丰
AIの時代と法　小塚荘一郎
労働法入門〔新版〕　水町勇一郎
アメリカ人のみた日本の死刑　デイビッド・T・ジョンソン　笹倉香奈訳
虚偽自白を読み解く　浜田寿美男
親権と子ども　榊原富士子　池田清貴
裁判の非情と人情　原田國男
独占禁止法〔新版〕　村上政博
密着　最高裁のしごと　川名壮志
「法の支配」とは何か　行政法入門　大浜啓吉
憲法への招待〔新版〕　渋谷秀樹
比較のなかの改憲論　辻村みよ子
大災害と法　津久井進
変革期の地方自治法　兼子仁
原発訴訟◆　海渡雄一
民法改正を考える◆　大村敦志
人が人を裁くということ　小坂井敏晶
知的財産法入門　小泉直樹
消費者の権利〔新版〕　正田彬
名誉毀損　山田隆司
刑法入門　山口厚
家族と法　二宮周平
憲法とは何か　長谷部恭男
良心の自由と子どもたち　西原博史
著作権の考え方　岡本薫
法とは何か〔新版〕　渡辺洋三
戦争犯罪とは何か　藤田久一
日本の憲法〔第三版〕　長谷川正安
憲法と天皇制　横田耕一
自由と国家　樋口陽一
憲法第九条　小林直樹
日本人の法意識　川島武宜
憲法講話◆　宮沢俊義

岩波新書より

生活保障 排除しない社会へ	宮本太郎
「戦地」派遣 変わる自衛隊	半田滋
民族とネイション	塩川伸明
昭和天皇	原武史
集団的自衛権とは何か	豊下楢彦
沖縄密約◆	西山太吉
吉田茂◆	原彬久
市民の政治学◆	篠原一
有事法制批判	憲法再生フォーラム編
安保条約の成立	豊下楢彦
沖縄 平和の礎	大田昌秀
岸信介	原彬久
近代政治思想の誕生	佐々木毅
一九六〇年五月一九日	日高六郎編
人間と政治◆	南原繁
非武装国民抵抗の思想	宮田光雄
日本の政治風土	篠原一
近代の政治思想	福田歓一
戦争と気象	荒川秀俊